Projet OCDE/G20 sur l'érosion de la base d'imposition et le transfert de bénéfices

Empêcher l'octroi inapproprié des avantages des conventions fiscales, Action 6 - Rapport final 2015

OCDE
DES POLITIQUES MEILLEURES POUR UNE VIE MEILLEURE

Merci de citer cet ouvrage comme suit :
OCDE (2017), *Empêcher l'octroi inapproprié des avantages des conventions fiscales, Action 6 - Rapport final 2015*, Projet OCDE/G20 sur l'érosion de la base d'imposition et le transfert de bénéfices, Éditions OCDE, Paris.
http://dx.doi.org/10.1787/9789264278035-fr

ISBN 978-92-64-27802-8 (imprimé)
ISBN 978-92-64-27803-5 (PDF)

Série : Projet OCDE/G20 sur l'érosion de la base d'imposition et le transfert de bénéfices
ISSN 2313-2620 (imprimé)
ISSN 2313-2639 (en ligne)

Crédits photo : Couverture © Cover © ninog/Fotolia.com

Les corrigenda des publications de l'OCDE sont disponibles sur : *www.oecd.org/about/publishing/corrigenda.htm*.

Avant-propos

Les questions fiscales internationales sont aujourd'hui plus que jamais au cœur des préoccupations des pouvoirs publics. L'intégration des économies et des marchés nationaux a connu une accélération marquée ces dernières années, mettant à l'épreuve le cadre fiscal international conçu voilà plus d'un siècle. Les règles en place ont laissé apparaître des fragilités qui sont autant d'opportunités pour des pratiques d'érosion de la base d'imposition et de transfert de bénéfices (BEPS), appelant une action résolue de la part des dirigeants pour restaurer la confiance dans le système et faire en sorte que les bénéfices soient imposés là où les activités économiques sont réalisées et là où la valeur est créée.

À la suite de la parution du rapport intitulé *Lutter contre l'érosion de la base d'imposition et le transfert de bénéfices* en février 2013, les pays de l'OCDE et du G20 ont adopté en septembre 2013 un Plan d'action en 15 points visant à combattre ces pratiques. Les 15 actions à mener s'articulent autour de trois principaux piliers : harmoniser les règles nationales qui influent sur les activités transnationales, renforcer les exigences de substance dans les standards internationaux existants, et améliorer la transparence ainsi que la certitude.

Depuis lors, tous les pays de l'OCDE et du G20 ont œuvré sur un pied d'égalité, et la Commission européenne a également apporté sa contribution tout au long du projet BEPS. Les pays en développement ont été étroitement associés au moyen de différents mécanismes, notamment une participation directe aux travaux du Comité des affaires fiscales. En outre, des organisations fiscales régionales, comme le Forum sur l'administration fiscale africaine (ATAF), le Centre de rencontres et d'études des dirigeants des administrations fiscales (CREDAF), et le Centre interaméricain des administrations fiscales (CIAT), ont travaillé aux côtés d'organisations internationales, telles que le Fonds monétaire international (FMI), la Banque mondiale et les Nations Unies. Les parties prenantes ont été largement consultées : au total, le projet BEPS a fait l'objet de plus de 1 400 contributions d'entreprises, de fiscalistes, d'ONG et d'universitaires. 14 réunions publiques de consultation se sont tenues et ont été transmises en direct sur l'Internet, tandis que le Secrétariat de l'OCDE a diffusé des sessions interactives sur le Web afin de tenir le public informé de l'évolution du projet et de répondre à ses questions.

Après deux ans de travail, les 15 rapports prévus par le Plan d'action ont été établis. Tous ces rapports, y compris ceux publiés à titre provisoire en 2014, ont été réunis au sein d'un ensemble complet de mesures, qui représente le premier remaniement d'importance des règles fiscales internationales depuis près d'un siècle. La mise en œuvre des nouvelles mesures devrait conduire les entreprises à déclarer leurs bénéfices là où les activités économiques qui les génèrent sont réalisées et là où la valeur est créée. Les stratégies de planification fiscale qui s'appuient sur des règles périmées ou sur des dispositifs nationaux mal coordonnés seront caduques.

La mise en œuvre revêt donc une importance cruciale à ce stade. L'application des mesures prévues passe par des modifications de la législation et des pratiques nationales et par l'adoption de nouvelles dispositions conventionnelles, grâce à la négociation d'un instrument multilatéral qui devrait aboutir en 2016. Les pays de l'OCDE et du G20 ont également décidé de poursuivre leur coopération en vue de garantir une application cohérente et coordonnée des recommandations issues du projet BEPS. La mondialisation exige de trouver des solutions de portée mondiale et de nouer un dialogue mondial qui va au-delà des pays de l'OCDE et du G20. Pour promouvoir cet objectif, les pays de l'OCDE et du G20 concevront en 2016 un mécanisme complet de suivi auquel tous les pays intéressés participeront sur un pied d'égalité.

Une meilleure compréhension de la manière dont les recommandations issues du projet BEPS sont mises en pratique pourrait limiter les malentendus et les différends entre États. Une attention accrue portée à la mise en œuvre des actions et à l'administration de l'impôt pourrait être bénéfique tant pour les États que pour les entreprises. Enfin, des solutions sont proposées pour améliorer les données et les analyses, ce qui permettra d'évaluer et de quantifier régulièrement l'impact des mécanismes d'érosion de la base d'imposition et transfert de bénéfices et les résultats des mesures issues du projet BEPS appliquées pour lutter contre ces pratiques.

Table des matières

Abréviations et acronymes

BEPS	Érosion de la base d'imposition et le transfert de bénéfices (*Base erosion and profit shifting*)
COP	Critère des objets principaux
LDA	Limitation des avantages
OCDE	Organisation de coopération et de développement économiques
OPC	Organismes de placements collectifs

Résumé

L'Action 6 du Projet BEPS mené par l'OCDE et le G20 mentionne l'utilisation abusive des conventions fiscales et, en particulier, le chalandage fiscal comme l'une des principales sources de préoccupation dans le domaine de l'érosion de la base d'imposition et du transfert de bénéfices.

Les contribuables qui se livrent au chalandage fiscal et à d'autres stratégies d'utilisation abusive des conventions portent atteinte à la souveraineté fiscale en réclamant l'avantage de conventions dans des situations où ces avantages ne devraient pas être accordés, ce qui prive les pays de recettes fiscales. Aussi, les pays ont décidé d'inclure dans leurs conventions fiscales des dispositions anti-abus, y compris une norme minimale visant le chalandage fiscal. Ils ont également reconnu qu'une certaine souplesse dans l'application de la norme minimale est requise, car ces dispositions doivent être adaptées à la situation spécifique du pays et aux circonstances qui entourent la négociation des conventions bilatérales.

La section A de ce rapport contient de nouvelles règles anti-abus qui offrent une protection contre l'utilisation abusive de dispositions conventionnelles et ménagent une certaine souplesse quant aux moyens d'y parvenir.

Ces nouvelles règles anti-abus concernent en premier lieu les stratégies par lesquelles une personne qui n'est pas résidente d'un État tente d'obtenir les avantages qu'une convention fiscale conclue par cet État accorde aux résidents de cet État, par exemple en créant une société boîte aux lettres dans cet État. L'approche suivante est recommandée pour faire face à ces stratégies :

- Premièrement, faire figurer dans les conventions fiscales une mention indiquant clairement que les États, lorsqu'ils concluent une convention, souhaitent éviter de créer des possibilités de non-imposition et d'imposition réduite résultant de comportements de fraude ou d'évasion fiscale et, en particulier, des possibilités de chalandage fiscal (cette recommandation figure dans la section B du présent rapport).
- Deuxièmement, inclure dans le Modèle de convention fiscale de l'OCDE une règle anti-abus spécifique, la règle de limitation des avantages, qui réserve le bénéfice des avantages des conventions aux entités qui remplissent certaines conditions. Ces conditions, fondées sur la nature juridique, la structure de capital et les activités générales de l'entité, cherchent à garantir l'existence d'un lien suffisant entre l'entité et l'État de résidence. Ces dispositions de limitation des avantages figurent actuellement dans des conventions conclues par quelques pays et se sont avérées efficaces pour prévenir de nombreuses stratégies de chalandage fiscal.
- Troisièmement, pour combattre d'autres formes d'utilisation abusive des conventions fiscales, notamment les situations de chalandage fiscal qui ne seraient pas couvertes par la règle de la limitation des avantages décrite au paragraphe précédent, une règle anti-abus de portée plus générale faisant référence aux objets principaux des montages ou transactions (critère des objets principaux ou « COP ») sera incluse

dans le Modèle de Convention fiscale de l'OCDE. En vertu de cette règle, si l'un des objectifs principaux de transactions ou de dispositifs est d'obtenir les avantages d'une convention, ces avantages seraient refusés sauf s'il est démontré que leur octroi serait conforme à l'objet et au but des dispositions de la convention.

Ce rapport reconnaît que la règle de limitation des avantages et la règle COP ont chacune des atouts et des faiblesses, et peuvent ne pas être adaptées à tous les pays ou conformes à leur politique conventionnelle. De même, le droit interne de certains pays peut contenir des dispositions qui rendent superflu de combiner ces deux règles pour empêcher le chalandage fiscal.

Compte tenu de la menace que le chalandage fiscal constitue pour les recettes fiscales, les pays se sont engagés à assurer un niveau de protection minimum contre cette pratique (la « norme minimale »). Selon cet engagement, les pays doivent accepter de faire figurer dans leurs conventions fiscales une déclaration explicite indiquant que leur intention commune est d'éliminer la double imposition sans créer de possibilités de non-imposition ou d'imposition réduite résultant de comportements de fraude ou d'évasion fiscale, en particulier par le recours à des mécanismes de chalandage fiscal. Les pays concrétiseront cette intention commune en faisant figurer dans leurs conventions : (i) l'approche combinant une règle de limitation des avantages et une règle COP décrite ci-dessus, (ii) la règle COP seule, ou (iii) la règle de limitation des avantages complétée par un mécanisme visant les mécanismes de financement par des sociétés-relais qui ne sont pas déjà traités dans leurs conventions fiscales.

La section A comprend également de nouvelles règles qu'il convient d'intégrer dans les conventions fiscales pour neutraliser d'autres formes d'utilisation abusive des conventions. Ces règles ciblées visent (1) certaines transactions de transfert de dividendes destinées à abaisser artificiellement les retenues d'impôt sur les dividendes; (2) les transactions visant à contourner l'application de la règle conventionnelle qui autorise l'État contractant dans lequel est situé un bien immobilier à imposer les actions de sociétés qui tirent principalement leur valeur de ces biens immobiliers; (3) les situations dans lesquelles une entité est résidente de deux États contractants, et (4) les situations dans lesquelles l'État de résidence exonère les bénéfices d'établissements stables situés dans des États tiers et dans lesquelles des actions, créances, droits ou droits de propriété sont transférés vers des établissements stables créés dans des pays qui n'imposent pas le revenu de ces placements ou réservent un traitement préférentiel à ce revenu.

Le rapport reconnaît que l'adoption de règles anti-abus dans les conventions fiscales ne suffit pas à combattre les stratégies d'évasion fiscale qui cherchent à contourner le droit fiscal interne; il faut pour cela adopter des règles internes anti-abus, notamment des règles susceptibles de résulter des travaux portant sur d'autres aspects du Plan d'action. Ce rapport contient des modifications du Modèle de Convention fiscale de l'OCDE visant à faire en sorte que les conventions n'empêchent pas involontairement l'application de ces règles internes anti-abus. Ces modifications complètent les parties des Commentaires sur le Modèle qui traitent déjà de cette question et expliquent que l'inclusion de la règle COP dans les conventions, qui incorporera le principe déjà reconnu dans les Commentaires sur le Modèle, permettra d'indiquer clairement que les États contractants s'opposent à l'application des dispositions de la convention qu'ils concluent lorsque des montages ou transactions sont exécutées pour obtenir les avantages de ces dispositions dans des circonstances inappropriées.

Le rapport analyse également deux problèmes particuliers liés à l'interaction entre les conventions et les règles anti-abus du droit interne. Le premier concerne l'application de conventions fiscales afin de restreindre le droit d'un État contractant d'imposer ses propres résidents. Une nouvelle règle codifiera le principe selon lequel les conventions ne limitent pas le droit d'un État d'imposer ses propres résidents (hormis certaines exceptions). Le second problème concerne les taxes dites de départ ou de sortie, en vertu desquelles l'impôt sur certains types de revenus à percevoir par un résident (personne physique ou morale) devient exigible lorsque ce résident cesse d'être un résident de cet État. Des modifications aux Commentaires figurant dans le Modèle de Convention fiscale préciseront que les conventions n'empêchent pas l'application de ces taxes.

La section B du rapport concerne la partie de l'Action 6 qui demande de « préciser que les conventions fiscales ne doivent pas être utilisées pour générer une double non-imposition ». Cette clarification est apportée en reformulant le titre et le préambule du Modèle de Convention fiscale afin de mentionner clairement que l'intention conjointe des signataires d'une convention fiscale est d'éliminer la double imposition sans créer de possibilités d'évasion et de fraude fiscales, notamment par le biais de mécanismes de chalandage fiscal.

La section C du rapport concerne la troisième partie des travaux prescrits par l'Action 6, consistant à « cerner les considérations de politique fiscale que les pays doivent, de façon générale, prendre en compte avant de décider de conclure une convention fiscale avec un autre pays ». Les considérations de politique fiscale décrites dans cette section doivent permettre aux pays de justifier plus facilement leur décision de ne pas conclure de convention fiscale avec certains pays à fiscalité faible ou nulle ; en outre, ces considérations seront également pertinentes pour les pays qui doivent décider s'ils devraient modifier (ou, en dernier ressort, dénoncer) une convention conclue précédemment au cas où un changement dans les circonstances dans lesquelles la convention a été conclue (comme des modifications du droit interne du partenaire avec lequel cette convention a été conclue) suscite, en lien avec cette convention, des préoccupations en termes d'érosion de la base d'imposition et de transfert de bénéfices.

Cette version finale du rapport remplace la version intermédiaire diffusée en septembre 2014. Un certain nombre de modifications ont été apportées aux règles proposées dans le rapport de septembre 2014. Comme il est toutefois précisé au début du rapport, des travaux supplémentaires devront être entrepris afin de prendre pleinement en compte les propositions récemment diffusées par les États-Unis concernant la règle de limitation des avantages et d'autres dispositions figurant dans le rapport. Étant donné que les États-Unis n'envisagent pas de finaliser leur nouveau modèle de convention fiscale avant la fin de 2015, les dispositions pertinentes contenues dans le présent rapport devront être révisées par la suite et seront donc finalisées au premier semestre de 2016. L'examen des questions liées au droit de certains types de fonds d'investissement de bénéficier des conventions fiscales se poursuivra après septembre 2015 avec une échéance similaire.

Les diverses règles anti-abus qui figurent dans ce rapport feront partie des modifications à inclure dans l'instrument multilatéral qui mettra en œuvre les résultats des travaux sur les questions conventionnelles demandés par le Projet BEPS de l'OCDE et du G20.

Introduction

1. À la demande du G20, l'OCDE a publié son *Plan d'action concernant l'érosion de la base d'imposition et le transfert de bénéfices* (le Plan d'action BEPS, OCDE, 2013) en juillet 2013. Le Plan d'action BEPS comprend 15 actions visant à résoudre le problème de l'érosion de la base d'imposition et du transfert de bénéfices et fixe des échéances pour la mise en œuvre de ces actions.

2. Le Plan d'action BEPS mentionne l'utilisation abusive des conventions fiscales et, en particulier, le chalandage fiscal comme l'un des plus importants sujets de préoccupation dans le domaine de l'érosion de la base d'imposition et du transfert de bénéfices. L'Action 6 (Empêcher l'utilisation abusive des conventions fiscales) décrit les travaux à mener dans ce domaine. Le passage concerné du Plan d'action se lit comme suit :

> **Les règles fiscales nationales et internationales existantes doivent être modifiées afin d'aligner plus étroitement la répartition du revenu sur l'activité économique qui génère ce revenu :**
>
> ***L'utilisation abusive des conventions fiscales est l'un des principaux vecteurs des pratiques d'érosion de la base d'imposition et de transfert de bénéfices.*** Les Commentaires sur l'article 1 du Modèle de Convention fiscale de l'OCDE contiennent déjà un certain nombre d'exemples de dispositions qui pourraient permettre de s'attaquer au chalandage fiscal et aux autres cas d'usage abusif des conventions susceptibles d'aboutir à une double non-imposition. De strictes clauses anti-abus des conventions associées à l'exercice des droits d'imposition prévus par la législation nationale contribueront à rétablir l'imposition dans le pays de la source dans un certain nombre de cas.
>
> ***Action 6 – Empêcher l'utilisation abusive des conventions fiscales***
>
> *Élaborer des dispositions conventionnelles types et des recommandations visant à concevoir des règles nationales qui empêchent que les avantages prévus par les conventions puissent être accordés lorsque cela n'est pas justifié. On s'efforcera également de préciser que les conventions fiscales ne doivent pas être utilisées pour générer une double non-imposition, et de cerner les considérations de politique fiscale que les pays doivent, de façon générale, prendre en compte avant de décider de conclure une convention fiscale avec un autre pays. Ces travaux seront menés en coordination avec ceux consacrés aux montages hybrides.*

3. Le présent rapport est le fruit des travaux menés dans les trois domaines distincts cités dans l'Action 6 :

A. Élaborer des dispositions conventionnelles types et des recommandations visant à concevoir des règles nationales qui empêchent que les avantages prévus par les conventions puissent être accordés lorsque cela n'est pas justifié.

B. Préciser que les conventions fiscales ne doivent pas être utilisées pour générer une double non-imposition.

C. Cerner les considérations de politique fiscale que les pays doivent, de façon générale, prendre en compte avant de décider de conclure une convention fiscale avec un autre pays.

4. Les conclusions des travaux réalisés dans ces trois domaines distincts correspondent respectivement aux sections A, B et C du présent rapport. Elles se traduisent par des modifications apportées au Modèle de Convention fiscale (dans le présent rapport, toutes les modifications proposées au texte existant du Modèle de Convention fiscale apparaissent en ***italiques et en gras*** pour les ajouts et en ~~texte raturé~~ pour les suppressions).

5. Ces modifications sont la concrétisation de l'accord selon lequel le Modèle de Convention de l'OCDE doit être modifié afin de garantir un niveau minimum de protection contre le risque d'utilisation abusive, y compris contre le chalandage fiscal, tel que décrit dans le résumé et au paragraphe 22 du présent rapport, sachant que ce niveau de protection minimum est nécessaire pour pouvoir s'attaquer effectivement à l'érosion de la base d'imposition et au transfert de bénéfices.

6. Lors de l'examen des dispositions modèles incluses dans ce rapport, il importe aussi de noter que ces dispositions doivent servir de modèles et qu'il convient de les adapter aux particularités des différents États et aux circonstances de la négociation des conventions bilatérales. Par exemple :

- Dans certains pays, il peut exister des restrictions imposées par la constitution de ces pays ou des préoccupations liées au droit communautaire européen, qui empêchent d'adopter la formulation exacte des dispositions telles que recommandées dans le présent rapport.
- Dans certains pays, il peut exister des règles anti-abus qui empêchent effectivement certaines utilisations abusives des conventions décrites dans le présent rapport et, dans la mesure où ces règles sont conformes aux principes définis dans le présent rapport (et, en particulier, dans la section A.2) et offrent la protection minimum visée au paragraphe 22 ci-après, ces pays peuvent ne pas avoir besoin de certaines règles proposées dans le rapport.
- De même, les tribunaux de certains pays ont mis en place diverses règles jurisprudentielles (par exemple, la règle de substance économique et le principe de la primauté du fond sur la forme) qui permettent de combattre efficacement diverses formes d'abus du droit interne et d'abus des conventions, et ces pays pourraient faire l'économie de la disposition générale anti-abus reprise dans la sous-section A.1(a)(ii) ci-après ou préférer une version de portée plus restreinte de cette disposition.
- La capacité administrative de certains pays pourrait les empêcher d'appliquer certaines règles conventionnelles précises et les contraindre à opter pour des dispositions anti-abus de portée plus générale.

Un certain nombre de modèles de dispositions inclus dans le présent rapport offrent dès lors d'autres solutions et une certaine flexibilité. Il y a toutefois accord sur le fait que ces solutions servent un but commun, faire en sorte que les États prévoient dans les conventions des mesures de protection suffisantes pour prévenir les utilisations abusives de ces conventions, en particulier le chalandage fiscal. C'est la raison pour laquelle il est préconisé dans le rapport de veiller à garantir un niveau de protection minimum (voir paragraphe 22 ci-après).

Travaux supplémentaires à accomplir

7. Des travaux supplémentaires doivent être accomplis sur certains aspects liés au contenu de ce rapport.

8. En premier lieu, fin mai 2015, les États-Unis ont diffusé pour commentaires publics, à adresser avant le 15 septembre 2015, une nouvelle version de leur règle de limitation des avantages et d'autres dispositions de leur modèle de convention fiscale qui sont similaires aux dispositions figurant dans le présent rapport[1]. Lorsque ces nouvelles dispositions des États-Unis ont été étudiées, il a été convenu qu'elles devraient être de nouveau examinées une fois finalisées par les États-Unis à la lumière des commentaires qui auront été reçus. C'est pourquoi les sections de ce rapport qui contiennent la règle de la limitation des avantages, ses Commentaires et des dispositions similaires à celles diffusées par les États-Unis en mai 2015 devront être réexaminées après l'adoption de ce rapport. Les travaux qui se rapportent à ces dispositions et à la partie concernée des Commentaires seront finalisés au premier semestre de 2016, ce qui permettra d'en tenir compte lors de la négociation de l'instrument multilatéral qui mettra en application les résultats des travaux relatifs aux aspects conventionnels demandés par le Plan d'action BEPS.

9. En second lieu, le paragraphe 5 de la version précédente du rapport indiquait que d'autres travaux devaient être entrepris concernant « les considérations de politique fiscale relatives au traitement, dans les conventions, des organismes de placements collectifs (OPC) et autres fonds de placement ». À l'issue des travaux de suivi portant sur ces questions et des commentaires reçus des parties prenantes, un soutien général s'est dégagé en faveur des conclusions énoncées dans le rapport de 2010 de l'OCDE intitulé « L'octroi des bénéfices des conventions fiscales aux revenus d'organismes de placements collectifs » ; il a également été admis que, l'alinéa 2 *f)* de la règle de la limitation des avantages contenue dans ce rapport traitant de l'application de cette règle aux OPC selon des modalités qui reflètent les conclusions du Rapport sur les OPC de 2010, il n'était pas nécessaire d'apporter des modifications supplémentaires au rapport sur l'Action 6 pour pouvoir traiter les questions posées par les organismes de placements collectifs, même s'il a été également reconnu que la mise en œuvre des recommandations du projet TRACE était importante aux fins de l'application pratique de ces conclusions.

10. Toutefois, il n'a pas été possible de faire le même constat s'agissant des considérations de politique générale pertinentes pour le droit des fonds autres que les OPC aux avantages des conventions, de sorte que des travaux supplémentaires sont nécessaires dans ce domaine.

11. Ces travaux confirmeront les conclusions du rapport de l'OCDE de 2008 sur l'« Application des conventions fiscales aux sociétés de placement immobilier » qui traite du droit des sociétés de placement immobilier de bénéficier des avantages des conventions. Les conclusions du rapport de 2010 sur les OPC ont été confirmées dans le cadre des travaux se rapportant à l'Action 6 mais ce n'est pas le cas pour le rapport de 2008 sur les sociétés de placement immobilier. Il a donc été décidé de modifier de la façon suivante la version finale des Commentaires sur la règle de la limitation des avantages qui sera diffusée en 2016 :

Ajouter la note de bas de page suivante à la première partie du paragraphe 31 des Commentaires sur l'alinéa 2 f) de la règle de la limitation des avantages énoncée au paragraphe 16 du rapport sur l'Action 6 (la note de bas de page supplémentaire apparaît ***en italiques et en gras****) :*

31. Comme indiqué dans la note de bas de page relative à l'alinéa *f)*, la réponse à la question de savoir s'il convient de prévoir d'intégrer dans le paragraphe 2 une

règle spécifique concernant les organismes de placements collectifs (OPC) et, dans cette hypothèse, de quelle manière il convient de formuler cette règle, dépendra de la manière dont la Convention s'applique aux organismes de placements collectifs ainsi que du traitement et de l'utilisation de ces organismes dans chacun des États contractants[1]. ***Bien qu'une telle règle ne soit pas nécessaire pour une entité qui constituerait normalement une « personne admissible » en vertu d'autres critères du paragraphe 2***, l'adoption ~~de cette~~***d'une*** règle ***spéciale*** sera souvent nécessaire étant donné qu'un OPC peut ne pas être ~~une personne admissible~~ ***habilité à bénéficier des avantages conventionnels*** en vertu des autres dispositions du paragraphe 2 ou ***du paragraphe 3*** du fait que, dans beaucoup de cas…

[*Note de bas de page 1*] ***Voir également les paragraphes 67.1 à 67.7 des Commentaires sur l'article 10 et le rapport sur l'« Application des conventions fiscales aux sociétés de placement immobilier » qui traite du droit de ces sociétés aux avantages des conventions. S'agissant de l'application de la définition d'un « résident d'un État contractant » aux sociétés d'investissement immobilier, voir les paragraphes 8-9 du rapport sur l'« Application des conventions fiscales aux sociétés de placement immobilier ».***

12. Les travaux supplémentaires veilleront également à faire en sorte qu'un fonds de pension soit considéré comme résident de l'État dans lequel il est constitué, que ce fonds de pension bénéficie ou non d'une exonération partielle ou totale de l'impôt dans cet État. Cela se fera par des modifications du Modèle de Convention fiscale de l'OCDE, qui seront aussi finalisées au premier semestre de 2016, qui garantiront ce résultat pour les fonds répondant à une définition de « fond de pension reconnu » qui devrait comporter les éléments suivants :

- la définition fera référence aux entités ou aux dispositifs établis dans un État et constitués et gérés exclusivement ou presque exclusivement dans le but d'administrer ou de verser des pensions ou des prestations similaires à des personnes physiques ;
- les entités ou dispositifs auxquels la définition s'appliquera devront être considérés comme des personnes distinctes au regard de la législation fiscale de cet État ;
- pour que la définition ne couvre que les fonds que la législation fiscale assimile à des fonds de pension, ces entités devront être réglementées en tant que fonds de pension par l'État dans lequel elles sont établies ;
- la définition devra également couvrir les entités et dispositifs qui sont constitués et gérés exclusivement ou presque exclusivement dans le but de placer des fonds pour le compte d'entités ou de dispositifs qui se qualifieront eux-même de « fonds de pension reconnus ».

13. Cette définition devra être accompagnée de commentaires détaillés qui expliqueront certaines de ces exigences, notamment l'exigence qu'un fonds de pension soit « réglementé en tant que tel ». Il faudra mener des consultations avec les parties prenantes afin de s'assurer que la définition et ses commentaires couvrent les principaux types de fonds de pension qui existent actuellement.

14. Concernant la question plus large du droit des autres fonds de placement aux avantages des conventions, l'OCDE reconnaît l'importance économique de ces fonds et la nécessité de veiller à ce que les avantages soient accordés uniquement lorsque les circonstances s'y prêtent. La nouvelle disposition conventionnelle relative aux entités transparentes contenue dans la deuxième partie du rapport sur l'Action 2 (*Neutraliser les effets des dispositifs*

hybrides, OCDE, 2017) sera utile aux autres fonds de placement qui utilisent des entités que l'un des deux États contractants considère comme fiscalement transparentes, puisque le revenu perçu via ces entités qui sera taxé ans les mains des investisseurs dans ces entités pourra généralement prétendre aux avantages des conventions au niveau de ces investisseurs, même si ces derniers sont résidents d'États tiers. De même, l'inclusion possible d'une clause relative aux avantages dérivés dans la règle de la limitation des avantages qui sera finalisée au premier semestre de 2016 devrait répondre à certaines préoccupations portant sur le droit aux avantages des conventions d'autres fonds de placement dans lesquels des non-résidents investissent. Nonobstant ceci, il faudra continuer d'examiner les questions liées au droit des autres fonds de placement de bénéficier des avantages conférés par les conventions, pour s'assurer que les nouvelles dispositions conventionnelles envisagées traitent cette question de façon appropriée. L'examen futur de ces questions permettrait également de répondre à deux préoccupations d'ordre général que les pouvoirs publics nourrissent s'agissant de l'octroi des avantages des conventions aux fonds de placement qui ne sont pas des OPC : le risque que de tels fonds soient utilisés pour obtenir des avantages conventionnels pour le bénéfice d'investisseurs qui ne sont pas eux-mêmes habilités à recevoir ces avantages, et le risque que des investisseurs puisse différer l'imposition du revenu à l'égard duquel des avantages conventionnels ont été conférés. Ces travaux, qui s'appuieront également sur des consultations avec des parties prenantes, devront être achevés au premier semestre de 2016 pour pouvoir être utilisés au cours des négociations de l'instrument multilatéral.

A. Dispositions conventionnelles et/ou règles nationales destinées à empêcher l'octroi inapproprié d'avantages prévus par les conventions

15. Afin de déterminer le meilleur moyen d'empêcher l'octroi inapproprié d'avantages prévus par les conventions fiscales, il a été jugé utile de distinguer deux types de cas :

1. Les cas dans lesquels une personne tente de contourner les limitations prévues par la Convention elle-même.
2. Les cas dans lesquels une personne tente de contourner les dispositions du droit fiscal national en utilisant les avantages prévus par les conventions.

16. Étant donné que le premier type de cas concerne des situations dans lesquelles une personne cherche à contourner des règles spécifiques prévues par des conventions fiscales, il est peu probable que ces situations soient visées par les règles spécifiques anti-abus inscrites dans le droit national. Malgré le fait qu'une règle nationale anti-abus de portée générale pourrait empêcher l'octroi d'avantages prévus par une convention dans de tels cas, une démarche plus directe consiste à rédiger des règles anti-abus devant figurer dans les conventions. La situation est différente dans le second type de cas : ceux-ci concernent des situations où une personne contourne des dispositions du droit fiscal national et qui ne peuvent donc pas être traitées uniquement par des dispositions inscrites dans les conventions, mais nécessitent des règles nationales anti-abus, ce qui pose le problème de l'interaction entre les conventions fiscales et ces règles nationales.

1. Cas dans lesquels une personne tente de contourner les limitations prévues par la Convention

a) Chalandage fiscal

17. La première condition que doit remplir une personne qui cherche à obtenir des avantages au titre d'une convention fiscale est qu'elle doit être « un résident d'un État contractant » tel que défini à l'article 4 du Modèle de Convention fiscale de l'OCDE. Il existe un certain nombre de mécanismes par lesquels une personne qui n'est pas un résident d'un État contractant peut tenter de bénéficier des avantages prévus par une convention fiscale à un résident de cet État. Ces mécanismes sont généralement qualifiés de « chalandage fiscal ». Les cas de chalandage fiscal concernent généralement des personnes qui sont résidentes d'un troisième État et tentent de bénéficier indirectement des avantages prévus par une convention conclue entre deux États[2].

18. L'OCDE s'est penchée dans le passé sur le problème du chalandage fiscal dans différents contextes :

- Le concept de « bénéficiaire effectif » a été introduit dans le Modèle de Convention fiscale en 1977 en vue de traiter les situations simples de chalandage fiscal dans lesquelles les revenus sont versés à un résident intermédiaire d'un pays signataire de la convention qui n'est pas considéré comme le bénéficiaire de ce revenu à des fins d'imposition (tel qu'un agent ou mandataire). Dans le même temps, une nouvelle section succincte intitulée « Usage incorrect de la Convention » (comprenant deux exemples de chalandage fiscal) a été ajoutée aux Commentaires sur l'article 1, et le Comité a indiqué qu'il avait l'intention « d'approfondir l'étude de ces phénomènes et des autres moyens de les combattre ».

- Cette étude approfondie a débouché en 1986 sur la production de deux rapports intitulés respectivement *Les conventions préventives de la double imposition et l'utilisation des sociétés écran* et *Les conventions préventives de la double imposition et l'utilisation des sociétés relais*[3], le problème du chalandage fiscal étant surtout traité dans le second rapport.
- En 1992, à la suite de la publication du rapport intitulé *Les conventions préventives de la double imposition et l'utilisation des sociétés relais*, divers exemples de dispositions visant différents aspects du chalandage fiscal ont été ajoutés dans la section « Usage incorrect de la Convention » des Commentaires sur l'article 1. Ces exemples incluent les dispositions actuellement reproduites aux paragraphes 13 à 19 des Commentaires sur l'article 1, sous la rubrique « Cas des sociétés relais ».
- En 2003, dans le prolongement du rapport intitulé *La limitation du droit aux avantages des conventions fiscales*[4] (rédigé suite au rapport *Concurrence fiscale dommageable : un problème mondial*[5], publié en 1998[6]),de nouveaux paragraphes visant à préciser la signification de l'expression « bénéficiaire effectif » ont été ajoutés aux Commentaires sur les articles 10, 11 et 12 et la rubrique « Usage incorrect de la Convention » a été fortement enrichie à l'aide d'exemples supplémentaires de règles anti-abus, notamment une disposition exhaustive sur la limitation des avantages s'inspirant de la disposition figurant dans le Modèle des États-Unis de 1996 ainsi qu'une disposition anti-abus basée sur le critère des objets principaux inspirée de la pratique suivie par le Royaume-Uni et applicable aux articles 10, 11, 12 et 21[7].
- Enfin, d'autres travaux sur la clarification de la notion de « bénéficiaire effectif », ayant entraîné des modifications aux Commentaires sur les articles 10, 11 et 12 qui ont été intégrés dans le Modèle de Convention fiscale lors de la mise à jour de 2014, ont permis à l'OCDE de mesurer les limites de l'utilisation de ce concept pour aborder diverses situations de chalandage fiscal. Comme indiqué au paragraphe 12.5 des Commentaires sur l'article 10, « [b]ien que le concept de « bénéficiaire effectif » règle certaines formes d'évasion fiscale (notamment celles qui impliquent l'interposition d'un récipiendaire tenu de céder le dividende à une tierce personne), il ne couvre pas d'autres cas de chalandage fiscal et, par conséquent, ne doit pas être considéré comme limitant d'une quelconque façon l'application d'autres approches pour résoudre ces situations. »

19. Un examen des pratiques suivies par les pays membres et non membres de l'OCDE en ce qui concerne les conventions montre que les pays utilisent différentes méthodes pour tenter de résoudre les problèmes de chalandage fiscal qui ne sont pas déjà visés par les dispositions du Modèle de Convention fiscale. Compte tenu des avantages et des limites de ces méthodes, il est recommandé de suivre une démarche en trois temps :

- Premièrement, faire figurer dans les conventions fiscales une mention indiquant clairement que les États contractants, lorsqu'ils concluent une convention, souhaitent empêcher l'évasion fiscale et, en particulier, éviter de créer des possibilités de chalandage fiscal (voir la section B du présent rapport).
- Deuxièmement, inclure dans le Modèle de l'OCDE une règle spécifique anti-abus s'inspirant des dispositions relatives à la limitation des avantages figurant dans les conventions conclues par les États-Unis et quelques autres pays (la « règle de

la limitation des avantages »). Cette règle spécifique vise un grand nombre de situations de chalandage fiscal et tient compte de la nature juridique des résidents d'un État contractant, de leurs activités en général et de leurs actionnaires (voir la sous-section A.1(a)(i) ci-après).

- Troisièmement, pour combattre d'autres formes d'utilisation abusive des conventions fiscales, notamment les situations de chalandage fiscal qui ne seraient pas couvertes par la règle de la limitation des avantages décrite au point précédent (comme certains mécanismes de financement par des sociétés relais), inclure dans le Modèle de Convention fiscale une règle anti-abus de portée plus générale faisant référence aux objets principaux des montages ou transactions (critère des objets principaux ou « COP »). Cette règle permettra d'ancrer les principes déjà énoncés aux paragraphes 9.5, 22, 22.1 et 22.2 des Commentaires sur l'article 1, selon lesquels les avantages d'une convention fiscale ne devraient pas être accordés lorsqu'un des objets principaux des montages ou des transactions concernés est de bénéficier d'un avantage en vertu d'une convention fiscale et que l'octroi de cet avantage dans de telles circonstances serait contraire à l'objet et au but des dispositions pertinentes de la convention fiscale (voir la sous-section A.1(a)(ii) ci-après).

20. Le fait d'associer la règle de la limitation des avantages et la règle du critère des objets principaux décrits précédemment permet une reconnaissance du fait que chaque règle a ses forces et ses faiblesses. Par exemple, les diverses dispositions de la règle de limitation des avantages sont fondées sur des critères objectifs offrant plus de certitude que le critère des objets principaux, lequel nécessite une analyse au cas par cas de ce que l'on peut raisonnablement considérer comme un des objets principaux des montages ou transactions. La règle de la limitation des avantages est dès lors utile en tant que règle spécifique anti-abus visant des situations de chalandage fiscal repérées à l'aide de critères se rapportant à la nature juridique de certaines entités, à leurs activités générales et à l'identité de ceux qui les détiennent. Cette règle est toutefois uniquement axée sur le chalandage fiscal et ne permet pas de s'attaquer à d'autres formes d'utilisation abusive des conventions ; elle ne vise pas non plus certaines formes de chalandage fiscal, comme les mécanismes de financement par intermédiaire, par lesquels un résident d'un État contractant pouvant prétendre par ailleurs au bénéfice des avantages des conventions est utilisé comme intermédiaire par des personnes n'ayant elles-mêmes pas droit à ces avantages.

21. La solution consistant à combiner la règle de la limitation des avantages et le critère des objets principaux peut ne pas être appropriée ou nécessaire pour tous les pays. Par exemple, comme indiqué au paragraphe 6 précédent, il se peut qu'il existe dans certains pays des règles nationales anti-abus ou que les tribunaux aient élaboré diverses règles jurisprudentielles (par exemple, la règle de substance économique, et le principe de la primauté du fond sur la forme) permettant de viser efficacement diverses formes d'utilisation abusive du droit interne et des conventions, et il se peut que ces pays n'aient pas besoin de la disposition générale anti-abus figurant dans la sous-section A.1(a)(ii) ci-après ou qu'ils donnent la préférence à une version de portée plus restreinte de cette disposition. Il est également reconnu que la règle de la limitation des avantages devra être adaptée pour refléter certaines contraintes ou certains choix stratégiques concernant d'autres aspects d'une convention fiscale bilatérale conclue entre deux États contractants (par exemple, des restrictions constitutionnelles ou basées sur le droit communautaire européen ou des choix concernant le traitement des organismes de placements collectifs).

22. Tant que l'approche effectivement adoptée par les pays permet de lutter contre l'utilisation abusive des conventions fiscales en respectant les grandes lignes tracées dans le présent rapport, une certaine flexibilité est donc possible. Les pays doivent cependant accepter à tout le moins de faire figurer dans leurs conventions fiscales une déclaration explicite indiquant que leur intention commune est d'éliminer la double imposition sans créer de possibilités de non-imposition ou d'imposition réduite résultant de comportements de fraude ou d'évasion fiscale, imputables notamment au recours à des mécanismes de chalandage fiscal (voir section B) ; ils devraient également mettre en œuvre cette intention commune soit en adoptant l'approche associant la règle de la limitation des avantages et celle du critère des objets principaux qui est décrite au paragraphe 19 (sous réserve des adaptations nécessaires mentionnées au paragraphe 6 précédent), soit en adoptant la règle du critère des objets principaux, ou la règle de la limitation des avantages complétée par un mécanisme (prenant par exemple la forme d'une règle conventionnelle du critère des objets principaux dont la portée serait limitée aux mécanismes de financement par intermédiaire ou la forme de règles anti-abus législatives ou jurisprudentielles de droit interne aboutissant à un résultat similaire) permettant de contrer les mécanismes de relais qui échappent aux autres dispositions des conventions fiscales.

23. Les pays s'engagent à adopter dans leurs conventions bilatérales des mesures qui mettent en œuvre la norme minimale décrite dans le paragraphe précédent si d'autres pays qui ont pris le même engagement le leur demandent. Même si les modalités de mise en œuvre de cette norme minimale dans chacune des conventions fiscales devront faire l'objet d'un accord entre les États contractants, cet engagement s'applique aux conventions existantes et futures. Étant donné que la conclusion d'une nouvelle convention et la modification d'une convention existante dépendent de l'équilibre général des dispositions d'une convention, cet engagement ne doit pas être interprété comme l'engagement de conclure de nouvelles conventions ou de modifier des conventions existantes dans un certain délai. De même, si un pays n'est pas inquiet des conséquences du chalandage fiscal sur ses propres droits d'imposition en tant qu'État de la source, il ne sera pas obligé d'appliquer des dispositions telles que la règle de la limitation des avantages ou celle du critère des objectifs principaux dès lors qu'il accepte d'inclure dans une convention des dispositions que son partenaire conventionnel pourra utiliser à cette fin. Même si la norme minimale sera incluse dans l'instrument multilatéral qui sera négocié conformément à l'Action 15 du Plan d'action BEPS et qui offrira un moyen efficace pour assurer la mise en œuvre rapide de cette norme, cela pourrait ne pas être suffisant pour garantir sa mise en œuvre, car la participation à l'instrument multilatéral n'est pas obligatoire et deux pays qui sont parties à une convention existante peuvent préférer d'autres options pour garantir le respect de la norme minimale ; il sera donc essentiel d'assurer un suivi de la mise en œuvre de la norme minimale.

24. D'autres modifications figurant dans le présent rapport contribueront également à empêcher le chalandage fiscal. Par exemple, les nouvelles règles spécifiques anti-abus figurant dans la sous-section A.1(b) ciblent certaines formes spécifiques de chalandage fiscal, comme les stratégies visant à utiliser un établissement stable situé dans un pays où l'impôt est faible afin de tirer profit de la méthode d'exemption applicable par un État contractant. La section C, dans laquelle sont énoncées les considérations de politique fiscale que les États doivent généralement prendre en compte avant de décider de conclure une convention fiscale avec un autre pays, peut aussi être utile pour réduire les possibilités de chalandage fiscal. Par ailleurs, l'approche décrite au paragraphe 19 précédent n'a pas une portée limitée aux cas de chalandage fiscal et contribuera également à empêcher l'octroi inapproprié des avantages des conventions fiscales, comme c'est le cas, en particulier, pour la disposition générale anti-abus mentionnée à la fin de ce paragraphe.

i) *Règle de la limitation des avantages*

25. Comme le paragraphe 19 l'indique, une règle spécifique anti-abus visant le chalandage fiscal, à savoir la règle de la limitation des avantages, sera intégrée dans le Modèle de Convention fiscale de l'OCDE. Cette règle sera inspirée des dispositions que l'on trouve déjà dans un certain nombre de conventions fiscales, principalement dans des conventions conclues par les États-Unis, mais aussi dans certaines conventions conclues par le Japon et l'Inde. Les dispositions détaillées relatives à la règle de la limitation des avantages et les commentaires correspondants figurant ci-après reflètent la disposition détaillée qui était contenue dans la première version de ce rapport diffusée en septembre 2014, telle que modifiée à l'issue des travaux ultérieurs consacrés à divers aspects de cette disposition, y compris l'ajout d'une version simplifiée de la règle diffusée en mai 2015. Néanmoins, fin mai 2015, les États-Unis ont diffusé une nouvelle version de la règle de la limitation des avantages énoncée dans leur modèle de convention[8], pour commentaires publics d'ici le 15 septembre 2015. Lorsque cette nouvelle version a été étudiée, il a été convenu qu'elle devrait être de nouveau examinée une fois finalisée par les États-Unis à la lumière des commentaires qui auront été reçus. C'est pourquoi les dispositions détaillées relatives à la règle de la limitation des avantages et les commentaires correspondants qui sont inclus ci-dessous devront être réexaminés. La version simplifiée de la règle nécessitera elle aussi des travaux supplémentaires et des commentaires sur cette version seront rédigés. La version finale des dispositions et leurs commentaires seront finalisés au premier semestre de 2016, ce qui permettra d'en tenir compte lors de la négociation de l'instrument multilatéral qui mettra en application les résultats des travaux relatifs aux aspects conventionnels demandés par le Plan d'action BEPS. La version suivante doit donc être considérée comme un projet susceptible d'être modifié :

ARTICLE X

DROIT AUX AVANTAGES[9]

[1.[10] [Disposition qui refuserait l'octroi des avantages prévus par la convention à un résident d'un État contractant qui n'est pas une « personne admissible » telle que définie au paragraphe 2]

2. [Définition de situations dans lesquelles un résident serait une personne admissible, concept qui couvrirait

a) une personne physique

b) un État contractant, ses subdivisions politiques et les entités qu'il détient entièrement

c) certaines entités cotées en bourse et leurs filiales

d) certains organismes de bienfaisance et fonds de pension

e) certaines autres entités qui répondent à certains critères de propriété

f) certains organismes de placements collectifs]

3. [Disposition qui octroierait les avantages prévus par la convention au titre d'un élément de revenu tiré par une personne qui n'est pas une personne admissible si elle exerce activement une activité d'entreprise dans son État de résidence et si le revenu obtenu est tiré de cette activité ou s'il en constitue un élément accessoire]

4. [Disposition qui octroierait les avantages prévus par la convention à une personne qui n'est pas une personne admissible si un pourcentage supérieur à une fraction convenue de cette entité est détenu par certaines personnes éligibles à des avantages équivalents]

5. [Disposition qui autoriserait l'autorité compétente d'un État contractant à octroyer certains avantages prévus par une convention à une personne lorsque ces avantages seraient normalement refusés en vertu des paragraphes 1 à 4]

6. [Définitions applicables aux fins des paragraphes 1 à 5]

Ajouter les nouveaux commentaires suivants sur l'article [X] aux Commentaires sur le Modèle de Convention fiscale de l'OCDE :

[COMMENTAIRES SUR L'ARTICLE [X] CONCERNANT LE DROIT AUX AVANTAGES PRÉVUS PAR LA CONVENTION

Remarques préliminaires

1. Comme l'explique la note de bas de page sur cet article, l'article [X] reflète l'intention des États contractants d'éliminer la double imposition sans créer de possibilités de non-imposition ou d'imposition réduite résultant de comportements de fraude ou d'évasion fiscale, en particulier par le recours à des mécanismes de chalandage fiscal. La formulation de cet article dépendra de la façon dont les États contractants décident de le faire. En fonction des circonstances qui leur sont propres, les États peuvent souhaiter adopter uniquement la règle générale anti-abus mentionnée au paragraphe 7 de l'article, opter plutôt pour la version détaillée des paragraphes 1 à 6 qui est décrite ci-après, qu'ils compléteraient par un mécanisme ciblant les mécanismes spécifiques de financement par intermédiaire, ou choisir d'inclure la règle générale anti-abus visée au paragraphe 7 associée à une variante des paragraphes 1 à 6 décrits ci-après.

2. Un État peut préférer la dernière approche mentionnée ci-dessus parce qu'elle conjugue la flexibilité d'une règle générale capable d'empêcher un grand nombre de transactions abusives avec la certitude d'une règle plus « automatique » qui empêche les transactions qui entraînent des risques avérés de chalandage fiscal et qui peuvent être facilement identifiés par référence à certaines caractéristiques (comme la propriété étrangère d'une entité). Cette dernière approche est reflétée dans la « version simplifiée » des paragraphes 1 à 6 reproduite ci-après, qui devrait être appliquée uniquement en combinaison avec la règle générale du paragraphe 7. Cette association ne doit en aucun cas être interprétée comme ayant pour effet de limiter la portée de la règle générale anti-abus du paragraphe 7 : il ne faudrait pas considérer qu'une transaction ou un montage échappe à l'application du paragraphe 7 pour la simple raison que les règles spécifiques anti-abus énoncées aux paragraphes 1 à 6, qui concernent uniquement certains cas de chalandage fiscal faciles à identifier grâce à leurs caractéristiques, ne sont pas applicables.

3. Un État peut toutefois préférer traiter les situations de chalandage fiscal sans recourir à la règle générale anti-abus du paragraphe 7, en recourant plutôt aux règles spécifiques énoncées aux paragraphes 1 à 6, associées à un mécanisme ciblant les mécanismes de financement par intermédiaire qui échapperaient à l'application de ces paragraphes. Ce peut être le cas d'un État

dont le droit interne contient des règles anti-abus suffisamment détaillées pour traiter d'autres formes d'utilisation abusive des conventions. Les États qui optent pour cette approche devront s'assurer que la version des paragraphes 1 à 6 qu'ils font figurer dans leurs conventions bilatérales est suffisamment robuste pour empêcher les principales formes de chalandage fiscal. C'est pourquoi les paragraphes ci-après présentent différentes versions des paragraphes 1 à 6, la version la plus robuste mentionnée ci-dessus étant appelée la « version détaillée ». Les États qui ne souhaitent pas inclure le paragraphe 7 pour les raisons indiquées dans ce paragraphe devraient adopter la version détaillée, plutôt que la version « simplifiée », sous réserve d'y apporter les adaptations évoquées dans les Commentaires ci-après.

3.1 Cet article contient des dispositions destinées à prévenir diverses formes de chalandage fiscal consistant pour des personnes qui ne sont pas des résidents d'un État contractant à créer une entité résidente de cet État afin de réduire ou de supprimer l'imposition dans l'autre État contractant grâce aux avantages de la convention fiscale conclue entre ces deux États. Permettre à des personnes qui n'ont pas droit de manière directe aux avantages des conventions (comme la réduction ou l'exonération de la retenue à la source sur les dividendes, intérêts ou redevances) d'en bénéficier indirectement en recourant au chalandage fiscal revient à porter atteinte au caractère bilatéral et réciproque des conventions fiscales. Si, par exemple, un État sait que ses résidents peuvent bénéficier indirectement des avantages des conventions conclues par un autre État, il se peut qu'il n'ait guère d'intérêt à accorder des avantages réciproques aux résidents de cet autre État en concluant une convention fiscale avec cet État. Il se peut en effet que les avantages qui seraient obtenus indirectement dans une telle situation ne soient pas adéquats eu égard à la nature du système fiscal du premier État ; si par exemple cet État ne prélève pas d'impôt sur le revenu sur une catégorie de revenu donnée, il n'est pas opportun que les résidents de cet État bénéficient des dispositions d'une convention fiscale conclue entre deux autres États qui prévoient une réduction ou une exonération de l'imposition à la source pour cette catégorie de revenu et qui ont été élaborées en partant du principe que les deux États contractants imposeraient cette catégorie de revenu.

3.2 Les dispositions du présent article visent à refuser l'octroi des avantages des conventions en présence de structures dont l'existence entraîne généralement l'octroi indirect des avantages d'une convention à des personnes qui n'y ont pas droit directement tout en admettant que, dans certains cas, des personnes qui ne sont pas résidentes d'un État contractant peuvent créer une entité dans cet État pour des motifs commerciaux légitimes. Bien que ces dispositions s'appliquent indépendamment du fait qu'une structure particulière ait, ou non, été créée à des fins de chalandage fiscal, l'article autorise l'autorité compétente d'un État contractant à accorder les avantages conférés par une convention, même lorsque les autres dispositions de l'article conduiraient à en refuser le bénéfice, dès lors que l'autorité compétente établit que la structure n'a pas parmi ses principaux objectifs d'obtenir l'octroi des avantages prévus par la Convention.

3.3 L'article limite la portée générale de l'article 1 selon lequel la Convention s'applique aux personnes résidentes d'un État contractant. Le paragraphe 1 de l'article prévoit qu'un résident d'un État contractant n'a pas droit aux avantages de la Convention sauf s'il s'agit d'une « personne admissible » telle que définie au paragraphe 2 ou si les avantages sont accordés au titre des dispositions

des paragraphes 3, 4 ou 5. On trouve dans le paragraphe 2 la définition d'une « personne admissible » en référence à la nature ou aux caractéristiques de diverses catégories de personnes ; toute personne auquel ce paragraphe s'applique a droit à tous les avantages de la Convention. Le paragraphe 3 prévoit qu'une personne a droit aux avantages de la Convention au titre d'un élément de revenu, même s'il ne s'agit pas d'une « personne admissible » au sens du paragraphe 2, pour autant que cet élément de revenu provienne de l'exercice actif d'une activité commerciale ou industrielle dans l'État de résidence de cette personne (sous réserve de quelques exceptions). Au paragraphe 4 est énoncée une règle relative aux « avantages dérivés » qui autorise certaines entités détenues par des résidents d'États tiers à bénéficier des avantages de la Convention dès lors qu'ils auraient obtenu des avantages équivalents s'ils avaient investi directement. Le paragraphe 5 contient des dispositions autorisant l'autorité compétente d'un État contractant à accorder les avantages conférés par la Convention lorsque les autres dispositions de l'article auraient par ailleurs conduit à refuser de les octroyer. Le paragraphe 6 contient un certain nombre de définitions applicables aux fins du présent article.

Disposition qui refuse l'octroi des avantages prévus par la convention à un résident d'un État contractant qui n'est pas une « personne admissible »

Version simplifiée

1. Sauf disposition contraire du présent article, un résident d'un État contractant peut bénéficier des avantages qui seraient par ailleurs accordés par la présente Convention uniquement si ce résident est une personne admissible.

Version détaillée

1. Sauf disposition contraire du présent article, un résident d'un État contractant ne peut bénéficier d'un avantage qui serait par ailleurs accordé par la présente Convention (autre qu'un avantage accordé au titre du paragraphe 3 de l'article 4, du paragraphe 2 de l'article 9, ou de l'article 25), à moins que ce résident soit une « personne admissible », telle que définie au paragraphe 2, au moment où l'avantage serait accordé.

Commentaires sur la version détaillée

4. Le paragraphe 1 prévoit qu'un résident d'un État contractant tel que défini à l'article 4 aura uniquement droit aux avantages accordés par ailleurs aux résidents d'un État contractant en vertu de la Convention s'il est une « personne admissible » telle que définie au paragraphe 2 ou si ces avantages sont accordés par ailleurs au titre des paragraphes 3, 4 ou 5. Les avantages accordés par ailleurs au titre de la Convention à un résident d'un État contractant tiennent compte de toutes les limitations des droits d'imposition des États contractants prévues aux articles 6 à 21, de la suppression de la double imposition prévue à l'article 23 et de la protection accordée aux résidents d'un État contractant en vertu de l'article 24. L'article ne restreint toutefois pas la possibilité de bénéficier des avantages de la Convention prévus au paragraphe 3 de l'article 4, au paragraphe 2 de l'article 9 ou à l'article 25 ou au titre des quelques dispositions de la Convention n'exigeant pas qu'une personne soit résidente d'un État contractant pour pouvoir bénéficier des avantages de ces dispositions (notamment des dispositions du paragraphe 1 de l'article 24, dans la

mesure où elles s'appliquent aux ressortissants nationaux qui ne sont résidents d'aucun des États contractants).

5. Le paragraphe 1 n'a en aucune façon pour effet d'étendre le champ des avantages conférés par le Convention. Un résident d'un État contractant qui est une « personne admissible » au sens du paragraphe 2 n'en doit pas moins, en effet, satisfaire aux conditions imposées par les autres dispositions de la Convention pour obtenir ces avantages (il doit par exemple être le bénéficiaire effectif des dividendes pour pouvoir bénéficier des dispositions du paragraphe 2 de l'article 10) et ces avantages peuvent lui être refusés ou limités en vertu de règles anti-abus applicables.

6. Le paragraphe 1 s'applique à chaque fois que la Convention prévoit par ailleurs l'octroi d'un avantage à un résident d'un État contractant. Ainsi, il s'applique par exemple à chaque fois que le revenu auquel s'applique l'article 6 est perçu par un résident d'un État contractant ; à chaque fois que les dividendes auxquels s'applique l'article 10 sont versés à un résident d'un État contractant ou encore à chaque fois que des bénéfices auxquels s'applique l'article 7 sont réalisés. Le paragraphe prévoit que, pour avoir droit à l'avantage conféré par la disposition concernée de la Convention, le résident de l'État contactant doit, à ce moment précis, être une « personne admissible » au sens du paragraphe 2. Dans certains cas, cependant, la définition d'une « personne admissible » impose qu'un résident d'un État contractant satisfasse à certaines conditions pendant une certaine durée pour pouvoir être considérée comme une « personne admissible » à un moment donné.

Situations dans lesquelles un résident est une personne admissible

Version simplifiée

2. Aux fins du présent article, un résident d'un État contractant est une personne admissible si ce résident est :

Version détaillée

2. Un résident d'un État contractant est une personne admissible à un moment où un avantage serait par ailleurs accordé par la Convention si, à ce moment, le résident est :

Commentaires sur la version détaillée

7. Le paragraphe 2 comporte six alinéas décrivant chacun une catégorie de résidents considérés comme des personnes admissibles.

8. Il est entendu que les dispositions du paragraphe 2 seront auto-exécutoires. Contrairement aux dispositions du paragraphe 5 dont il a été question précédemment, une décision ou approbation préalable de l'autorité compétente n'est pas requise pour demander à bénéficier des avantages conférés en vertu du paragraphe 2. Il va de soi que les autorités fiscales peuvent, après examen, estimer que le contribuable a mal interprété le paragraphe et n'a pas droit aux avantages revendiqués.

Personnes physiques

a) une personne physique ;

9. L'alinéa 2 a) prévoit que toute personne physique résidente d'un État contractant est une personne admissible. Comme expliqué au paragraphe 35 ci-après, aux termes de certaines dispositions conventionnelles, un organisme de placement collectif doit être considéré comme une personne physique aux fins de l'application de la convention visée, auquel cas, l'organisme de placement collectif constituera une personne admissible en vertu de l'alinéa a).

Pouvoirs publics

Version simplifiée

b) cet État contractant, une subdivision politique ou autorité locale de cet État, la banque centrale de cet État ou une personne détenue exclusivement, directement ou indirectement, par cet État, cette subdivision politique ou cette autorité locale ;

Version détaillée

b) un État contractant, une subdivision politique ou autorité locale de cet État, ou une personne détenue exclusivement par cet État, cette subdivision politique ou cette autorité locale ;

Commentaires sur la version détaillée

10. L'alinéa 2 b) prévoit que les États contractants et toute subdivision politique ou autorité locale de ceux-ci constituent des personnes admissibles. L'alinéa s'applique à toute émanation d'un État, notamment tout organisme ou organe ne constituant pas une personne distincte. La dernière partie de l'alinéa prévoit qu'une personne morale distincte qui est un résident d'un État contractant et est exclusivement détenue par un État contractant ou une subdivision politique ou autorité locale de celui-ci sera également une personne admissible et aura dès lors droit à tous les avantages conférés par la Convention tant qu'elle conservera ces caractéristiques. La formulation de cet alinéa pourra être adaptée en fonction de la nature juridique des entités détenues par l'État, qui pourront notamment être des fonds souverains, ainsi qu'en fonction des différents points de vue des États sur l'application de l'article 4 à ces entités (voir paragraphes 6.35 à 6.39 des Commentaires sur l'article 1 et paragraphes 8.5 à 8.7 des Commentaires sur l'article 4).

Sociétés et entités cotées en bourse

Version simplifiée

c) une société, si la principale catégorie de ses actions fait régulièrement l'objet de transactions sur un ou plusieurs marchés boursiers reconnus ;

d) une personne autre qu'une société, si ses participations bénéficiaires font régulièrement l'objet de transactions sur un ou plusieurs marchés boursiers reconnus ;

Version détaillée

c) une société ou une entité si, pendant la durée de la période d'imposition incluant cette date

i) *la principale catégorie de ses actions (et toute catégorie d'actions conférant des droits disproportionnés) fait régulièrement l'objet de transactions sur un ou plusieurs marchés boursiers reconnus et :*

A) *la principale catégorie de ses actions fait principalement l'objet de transactions sur un ou plusieurs marchés boursiers reconnus dans l'État contractant dont la société ou l'entité est résidente ; ou*

B) *le siège principal de direction et de contrôle de la société ou de l'entité se situe dans l'État contractant dont elle est résidente ; ou*

ii) *au moins 50 pour cent du total des droits de vote et de la valeur des actions (et au moins 50 pour cent de toute catégorie d'actions conférant des droits disproportionnés) de la société ou de l'entité sont détenus directement ou indirectement par au plus cinq sociétés et entités ayant droit aux avantages aux termes du sous-alinéa i) du présent alinéa* [*sous réserve que, dans le cas d'une détention indirecte, chaque détenteur intermédiaire soit résident de l'un ou l'autre des États contractants*]*;*

Commentaires sur la version détaillée

11. L'alinéa c) tient compte du fait qu'en règle générale, les actions de sociétés cotées en bourse et de certaines entités sont détenues par un grand nombre d'actionnaires et que, dès lors, il est peu probable que ces sociétés ou entités aient été créées à des fins de chalandage fiscal. Les dispositions du sous-alinéa i) s'appliquent aux sociétés et entités cotées en bourse et celles du sous-alinéa ii), aux filiales de ces sociétés et entités. Comme indiqué à l'alinéa h) du paragraphe 6, aux fins du sous-alinéa c), l'expression « actions » recouvre des participations comparables détenues dans des entités, autres que des sociétés, auxquelles le paragraphe s'applique, et recouvre donc par exemple des parts d'une fiducie (trust) faisant l'objet de transactions sur le marché.

12. Le sous-alinéa i) prévoit qu'une société ou entité qui est un résident d'un État contractant est une personne admissible au moment où un avantage est accordé au titre de la Convention si, pendant la période d'imposition incluant ce moment, la principale catégorie de ses actions, et de toute catégorie d'actions conférant des droits disproportionnés, font régulièrement l'objet de transactions sur un ou plusieurs marchés boursiers reconnus, sous réserve que la société ou l'entité satisfasse à l'une au moins des conditions supplémentaires suivantes : premièrement, la principale catégorie d'actions de la société ou de l'entité fait principalement l'objet de transactions sur un ou plusieurs marchés boursiers reconnus situés dans l'État contractant dont la société ou l'entité est résidente ou, deuxièmement, le siège principal de direction et de contrôle de la société ou de l'entité est situé dans son État de résidence. Ces conditions supplémentaires visent à tenir compte du fait que, bien qu'une société ou une entité cotée en bourse puisse techniquement être résidente d'un État donné, il se peut qu'elle n'ait pas de relation suffisante avec cet État pour justifier qu'elle bénéficie des avantages prévus par les conventions conclues par cet État. L'existence d'une relation suffisante peut être établie par le fait que les actions de la société ou de l'entité cotée en bourse font principalement l'objet de transactions sur des bourses reconnues situées dans l'État de résidence de la société ou de l'entité;

étant donné que, du fait de la mondialisation des marchés financiers, les actions des sociétés cotées en bourse qui sont résidentes de certains États font souvent l'objet de transactions sur des bourses étrangères, un autre critère peut être appliqué : on peut également considérer que l'existence d'une relation suffisante peut être établie par le fait que la direction et le contrôle de la société ou de l'entité sont principalement assurés dans l'État dont elle est résidente.

13. Une société ou une entité dont la principale catégorie d'actions fait régulièrement l'objet de transactions sur une bourse reconnue n'obtiendra toutefois pas le statut de personne admissible en vertu de l'alinéa c) du paragraphe 2 si elle a une catégorie d'actions conférant des droits disproportionnés qui ne font pas régulièrement l'objet de transactions sur une bourse reconnue.

14. Les expressions « bourse reconnue », « principale catégorie d'actions » et « catégorie d'actions conférant des droits disproportionnés » sont définies au paragraphe 6 (voir ci-après). Comme indiqué dans ces définitions, la principale catégorie d'actions d'une société doit être déterminée après avoir exclu les actions spéciales portant droit de vote qui sont émises dans le but de créer une « structure à double cotation », telle que définie également au paragraphe 6.

15. La condition relative aux transactions régulières peut être satisfaite lorsque des actions cotées font l'objet de transactions sur une ou plusieurs bourse(s) reconnue(s) située(s) dans l'un ou l'autre des États. Il est possible de retenir le nombre de transactions cumulées réalisées sur cette bourse ou ces bourses reconnue(s) pour déterminer si le critère est rempli ; on pourrait dès lors estimer qu'une société ou une entité satisfait au critère si ses actions font régulièrement l'objet de transactions réalisées, en totalité ou en partie, sur une bourse reconnue située dans l'autre État contractant.

16. Le sous-alinéa (i) A) prévoit une condition supplémentaire, à savoir que les actions de la société ou de l'entité doivent faire principalement l'objet de transactions sur une ou plusieurs bourses située(s) dans l'État de résidence de la société ou de l'entité. En règle générale, la principale catégorie d'actions d'une société ou d'une entité font principalement l'objet de transactions sur une ou plusieurs bourse(s) reconnue(s) situées dans l'État de résidence de cette société ou entité si, au cours de la période d'imposition considérée, le nombre d'actions appartenant à la principale catégorie d'actions qui font l'objet de transactions sur cette ou ces bourses est supérieur au nombre d'actions de la principale catégorie d'actions faisant l'objet de transactions sur des marchés de valeurs mobilières établis dans tout autre État. Certains États considèrent toutefois que le fait que les actions d'une société ou d'une entité résidente d'un État contractant fassent principalement l'objet de transactions sur des bourses reconnues situées dans d'autres États (situées, par exemple, dans un État qui appartient à l'Espace économique européen dont les règles relatives aux marchés boursiers et autres marchés de valeurs mobilières garantissent l'existence d'un marché unique des valeurs mobilières) constitue une protection suffisante contre l'utilisation de cette société ou entité à des fins de chalandage fiscal ; les États qui partagent cet avis peuvent modifier en conséquence la sous-division (i) A).

17. Le sous-alinéa (i) B) prévoit un autre critère applicable à une société ou entité dont la principale catégorie d'actions fait régulièrement l'objet de transactions sur des marchés boursiers reconnus, mais non principalement sur des bourses reconnues situées dans l'État de résidence de la société ou entité. Cette dernière peut prétendre aux avantages de la Convention si son « siège principal de direction et de contrôle » (tel que défini à l'alinéa d) du paragraphe 6) est situé dans l'État dont elle est résidente.

18. Les conditions prévues à l'alinéa c) doivent être remplies durant toute la période d'imposition de la société ou entité. Cela ne signifie pas que les actions de la société ou de l'entité doivent faire l'objet de transactions sur les marchés boursiers concernés chaque jour de la période visée. Pour qu'il soit considéré que les actions font régulièrement l'objet de transactions sur une ou plusieurs bourse(s) durant toute la période d'imposition, il est nécessaire que la fraction des actions faisant l'objet d'échanges actifs représente plus qu'un très faible pourcentage des actions pendant un nombre suffisamment élevé de jours au cours de cette période. Il serait satisfait à ce critère si, par exemple, 10 pour cent du nombre moyen d'actions en circulation d'une société faisaient l'objet de transactions pendant 60 journées d'ouverture des marchés compris dans la période d'imposition de la société. L'expression « période d'imposition » utilisée aux alinéas c) et e) renvoie à la période au titre de laquelle une déclaration fiscale annuelle doit être produite dans l'État de résidence de la société ou entité. Si les États contractants ont défini dans leur droit national un concept qui correspond à celui de « période d'imposition », tels que « année d'imposition », ils peuvent, s'ils le veulent, remplacer la référence à la période d'imposition par une référence à cet autre concept.

19. Une société résidente d'un État contractant a droit à tous les avantages conférés par la Convention en vertu du sous-alinéa ii) de l'alinéa c) du paragraphe 2 si au plus cinq sociétés cotées en bourse telles que décrites au sous-alinéa i) détiennent directement ou indirectement au moins 50 pour cent du total des droits de vote et de la valeur des actions de la société (et au moins 50 pour cent au moins de toute catégorie d'actions conférant des droits disproportionnés). Toutefois, si les sociétés cotées en bourse détiennent indirectement ce pourcentage des actions, chacune des sociétés intermédiaires doit être résidente d'un des États contractants. Certains États estiment toutefois que ce critère est par trop restrictif et préfèrent l'omettre.

20. Ainsi, par exemple, une société qui est résidente d'un État contractant et dont toutes les actions sont détenues par une autre société résidente de ce même État pourrait prétendre au bénéfice des avantages prévus par la Convention si la principale catégorie d'actions (et toutes les catégories d'actions conférant des droits disproportionnés, s'il en existe) de la société mère font régulièrement et principalement l'objet de transactions sur une bourse reconnue située dans cet État contractant. Cette filiale ne pourrait toutefois pas bénéficier des avantages prévus au sous-alinéa ii) si la société mère cotée en bourse était résidente d'un État tiers et non de l'un des États contractants. En outre, lorsqu'une société mère détient indirectement dans l'un des États contractants la société se situant au dernier niveau par l'intermédiaire d'une chaîne de filiales, chaque filiale de cette chaîne doit, en tant que propriétaire intermédiaire, être un résident de l'un ou l'autre État contractant pour que la filiale de dernier niveau satisfasse au critère défini au sous-alinéa ii). Comme indiqué au paragraphe précédent, cependant, certains États considèrent que, dans le cas de sociétés cotées en bourse, il n'est pas nécessaire que la condition selon laquelle chaque filiale de la chaîne doit être résidente de l'un ou l'autre État contractant soit satisfaite pour prévenir le chalandage fiscal ; ces États préfèrent en conséquence omettre la condition supplémentaire.

Organismes de bienfaisance et fonds de pension

Version détaillée

d) une personne, autre qu'une personne physique, qui

i) est [liste des organisations à but non lucratif concernées de chaque État contractant],

ii) est un fonds de pension reconnu, à condition que plus de 50 pour cent des participations bénéficiaires dans cette personne soient détenus par des personnes physiques résidentes de l'un des États contractants ou que plus de [__ pour cent] des participations bénéficiaires dans cette personne soient détenus par des personnes physiques résidentes de l'un des États contractants ou de tout autre État pour lequel les conditions suivantes sont réunies :

A) les personnes physiques qui sont résidentes de cet autre État peuvent prétendre aux avantages d'une convention complète visant à éliminer la double imposition entre cet autre État et l'État à qui les avantages de cette convention sont réclamés, et

B) en ce que concerne les revenus visés aux articles 10 et 11 de la présente Convention, si la personne était un résident de cet autre État ayant droit à tous les avantages de cette autre convention, elle aurait droit, en vertu de cette convention, à un taux d'imposition pour la catégorie particulière de revenus au titre desquels les avantages sont revendiqués en vertu de la présente Convention qui soit au moins aussi bas que le taux applicable en vertu de la présente Convention ; ou

iii) a été constituée et est gérée en vue de placer des fonds pour le compte de personnes visées au sous-alinéa ii), sous réserve que la quasi-totalité du revenu de cette personne provienne de placements effectués pour le compte de ces personnes ;

Commentaires sur la version détaillée

21. À l'alinéa 2 d), sont définies les règles selon lesquelles certaines organisations à but non lucratif et certains fonds de pension qui sont admissibles en tant que résidents d'un État contractant (voir les paragraphes 8.6 et 8.7 des Commentaires sur l'article 4) pourront prétendre au bénéfice des avantages prévus par la Convention.

22. Les entités figurant dans la liste incluse au sous-alinéa i) peuvent automatiquement prétendre au bénéfice des avantages conférés par les conventions, quel que soit le lieu de résidence de leurs bénéficiaires ou de leurs membres. Ces entités sont généralement des entités exonérées d'impôt dans leur État de résidence qui sont uniquement constituées et exploitées pour remplir certaines fonctions sociales (philanthropiques, scientifiques, artistiques, culturelles ou éducatives).

23. Selon le sous-alinéa ii), un fonds de pension résident pourra prétendre au bénéfice des avantages conférés par les conventions si plus de 50 pour cent des participations bénéficiaires dans cette personne sont détenus par des personnes physiques résidentes de l'un des États contractants ou si plus d'un certain pourcentage de ces participations bénéficiaires, à déterminer au cours

de négociations bilatérales, est détenu par ces résidents ou par des personnes physiques qui sont résidentes d'États tiers à condition que, dans ce dernier cas, deux conditions supplémentaires soient remplies : premièrement, ces personnes physiques ont droit aux avantages conférés par une convention fiscale complète conclue entre cet État tiers et l'État de la source et, deuxièmement, cette convention prévoit une réduction identique ou supérieure des prélèvements dans l'État de la source sur les intérêts et les dividendes générés par des fonds de pension de cet État tiers. Aux fins de cette disposition, l'expression « participations bénéficiaires dans cette personne » doit s'entendre des participations détenues par des personnes pouvant prétendre au bénéfice des pensions versées par ce fonds. Néanmoins, certains États considèrent que le risque de chalandage fiscal que posent certains fonds de pension reconnus ne justifie pas les coûts administratifs inhérents à l'obligation impartie aux fonds d'identifier la résidence et le droit des personnes pouvant prétendre au bénéfice des pensions. Les États qui partagent cet avis peuvent modifier en conséquence le sous-alinéa (ii).

24. Le sous-alinéa iii) constitue une extension de la règle applicable aux fonds de pension énoncée au sous-alinéa ii). Il s'applique aux « fonds de fonds », qui sont des fonds qui ne versent pas directement des pensions à des résidents de l'un ou l'autre État contractant, mais sont constitués et exploités pour placer des fonds de fonds de pension ayant droit aux avantages visés au sous-alinéa ii). Le sous-alinéa iii) ne s'applique cependant que si la quasi-totalité des revenus de ce « fonds de fonds » provient de placements effectués au bénéfice de fonds de pension ayant droit aux avantages visés au sous-alinéa ii).

Propriété / Érosion de la base d'imposition

Version simplifiée

e) une personne, autre qu'une personne physique, à condition que des personnes qui sont résidentes de cet État contractant et qui sont des personnes admissibles en raison des alinéas a) à d) détiennent, directement ou indirectement, plus de 50 pour cent des participations bénéficiaires de cette personne

Version détaillée

e) une personne, autre qu'une personne physique, si

i) pendant au moins la moitié des jours compris dans la période d'imposition incluant cette date, des personnes qui sont résidentes de cet État contractant et ont droit aux avantages de la Convention en vertu des alinéas a), b) ou d), ou du sous-alinéa i) de l'alinéa c), de ce paragraphe, détiennent, directement ou indirectement, des actions représentant au moins 50 pour cent du total des droits de vote et de la valeur des actions (et au moins 50 pour cent de toute catégorie d'actions conférant des droits disproportionnés) [sous réserve que, dans le cas d'une détention indirecte, chaque détenteur intermédiaire soit résident de cet État contractant], et

ii) moins de 50 pour cent du revenu brut de la personne, tel que calculé dans l'État de résidence de cette personne, au titre de la période d'imposition incluant la date à laquelle ce revenu est versé ou dû, directement ou indirectement, à des personnes qui ne sont résidentes d'aucun des États contractants ayant droit aux avantages de la Convention en vertu de l'alinéa a), b) ou d), ou du sous-alinéa i) de l'alinéa c), de ce paragraphe, sous la forme de paiements déductibles, aux fins des impôts visés par la Convention, dans l'État de résidence de la personne (sauf paiements de pleine concurrence effectués dans le cadre ordinaire d'activités d'entreprise au titre de services ou biens corporels) ;

Commentaires sur la version détaillée

25. L'alinéa 2 e) prévoit une autre méthode pour déterminer s'il y a lieu d'ouvrir droit aux avantages de la Convention et cette méthode s'applique à toute forme d'entité juridique résidente d'un État contractant. La condition prévue à l'alinéa e), appelée « critères de la propriété et de l'érosion de la base d'imposition », recouvre en fait deux conditions qui toutes deux doivent être satisfaites pour que le résident ait droit aux avantages de la Convention au titre de l'alinéa 2 e.

26. En vertu du sous-alinéa i), qui a trait au critère de la propriété, 50 pour cent au moins de chaque catégorie d'actions de la personne doivent être détenus, directement ou indirectement, pendant la moitié au moins de la période d'imposition de la personne, par des personnes qui sont résidentes de l'État contractant dont cette personne est résidente et qui ont eux-mêmes droit aux avantages de la Convention en vertu des alinéas a), b) ou d), ou du sous-alinéa i) de l'alinéa c). En cas de détention indirecte, chacun des détenteurs intermédiaires doit toutefois être résident de cet État contractant. Certains États estiment toutefois que ce critère est par trop restrictif et préfèrent l'omettre.

27. Le sous-alinéa i) visera généralement des sociétés privées, mais il pourra également s'appliquer à une entité telle qu'une fiducie (trust) résidente d'un État contractant qui satisfait par ailleurs aux conditions prévues dans ce sous-alinéa. En vertu de l'alinéa h) du paragraphe 6, le terme « actions » renvoie, dans le cas d'entités qui ne sont pas des sociétés, à des titres de participation qui sont comparables à des actions ; tel sera généralement le cas d'un intérêt bénéficiaire détenu dans une fiducie. Aux fins du sous-alinéa i), l'intérêt bénéficiaire détenu dans une fiducie sera réputé être détenu par ses bénéficiaires en proportion de l'intérêt actuariel de chaque bénéficiaire dans la fiducie. L'intérêt d'un bénéficiaire qui a droit à la partie restante d'une fiducie sera égal à 100 pour cent déduction faite des parts cumulées en pourcentage détenues par les bénéficiaires du revenu. L'intérêt d'un bénéficiaire dans une fiducie ne sera pas considéré comme détenu par une personne ayant droit aux avantages résultant des autres dispositions du paragraphe 2 s'il n'est pas possible de déterminer son intérêt actuariel. En conséquence, s'il n'est pas possible de déterminer l'intérêt actuariel des bénéficiaires d'une fiducie, le critère de propriété prévu au sous-alinéa i) ne peut être satisfait, sauf si tous les bénéficiaires possibles sont des personnes qui ont droit aux avantages conférés en vertu des autres alinéas du paragraphe 2.

28. Le critère relatif à l'érosion de la base d'imposition, énoncé au sous-alinéa ii), est satisfait si moins de 50 pour cent du revenu brut de la personne au titre de la période d'imposition, telle que définie aux termes de la législation fiscale de l'État de résidence de la personne, est versé ou du à des personnes qui ne sont pas des résidentes de l'un ou l'autre des États contractants ayant droit aux avantages prévus aux alinéas a), b) ou d), ou au sous-alinéa i) de l'alinéa c),

sous la forme de paiements déductibles à des fins d'imposition dans l'État de résidence du payeur.

29. Aux fins de la condition visée au sous-alinéa ii), les paiements déductibles (c'est-à-dire qui ont pour effet d'éroder la base d'imposition) ne comprennent pas les paiements de pleine concurrence effectués dans le cadre ordinaire d'activités d'entreprise au titre de services ou biens corporels. Dans la mesure où ils sont déductibles de l'assiette imposable en vertu de la législation fiscale en vigueur dans l'État de résidence de la personne, les distributions des fiducies (trusts) constituent des paiements ayant pour effet d'éroder la base d'imposition. Les déductions pour dépréciation et amortissement, qui ne constituent pas des paiements ou des montants dus à d'autres personnes, ne sont pas pris en compte aux fins du sous-alinéa ii). Les revenus intégralement soumis à imposition dans l'État de la source ne doivent pas être considérés comme des paiements ayant pour effet d'éroder la base d'imposition, même s'ils sont déductibles par le payeur. Par exemple, le paiement d'une « contribution de groupe » qui peut être effectué par une société résidente d'un État contractant à l'établissement stable, situé dans le même État, d'une société non résidente faisant partie du même groupe ne doit pas être pris en compte, dès lors qu'un tel paiement serait imposable dans l'État où il serait déduit.

30. Les critères de propriété et d'érosion de la base d'imposition décrits à l'alinéa e) s'appliquent à chaque période d'imposition de l'entité ; lorsque ces critères sont satisfaits pour une période d'imposition donnée, l'entité constitue une personne admissible à tout moment pendant cette période d'imposition. La période d'imposition visée à l'alinéa e) est déterminée en fonction de la législation fiscale de l'État de résidence de l'entité.

Organismes de placements collectifs – alinéa 2 f)

Version détaillée

f) [*disposition éventuelle sur les organismes de placements collectifs*][1]

[*Note de bas de page 1*] *Cet alinéa sera rédigé (ou omis) en fonction de la manière dont les organismes de placements collectifs sont traités dans la Convention et sont utilisés et traités par chacun des États contractants : voir les Commentaires sur l'alinéa et sur les paragraphes 6.4 à 6.38 des Commentaires sur l'article 1.*

Commentaires sur la version détaillée

31. Comme indiqué dans la note de bas de page relative à l'alinéa f), la réponse à la question de savoir s'il convient de prévoir d'intégrer dans le paragraphe 2 une règle spécifique concernant les organismes de placements collectifs (OPC) et, dans cette hypothèse, de quelle manière il convient de formuler cette règle, dépendra de la manière dont la Convention s'applique aux organismes de placements collectifs ainsi que du traitement et de l'utilisation de ces organismes dans chacun des États contractants. L'adoption d'une règle sera souvent nécessaire étant donné qu'un OPC peut ne pas être une personne admissible en vertu des autres dispositions des paragraphes 2 ou 3 du fait que, dans beaucoup de cas,

- *les intérêts dans l'OPC ne font pas l'objet de transactions en bourse (même si leur capital est largement diffusé) ;*
- *ces intérêts sont détenus par des résidents d'États tiers ;*
- *les distributions effectuées par l'OPC sont des paiements déductibles, et*
- *l'OPC est utilisé à des fins d'investissement plutôt que pour l'« exercice actif d'une activité d'entreprise » au sens du paragraphe 3.*

32. Les divers facteurs devant être pris en considération pour déterminer si les OPC sont admis au bénéfice des avantages de la Convention sont analysés dans les paragraphes 6.8 à 6.34 des Commentaires sur l'article 1, et ces paragraphes sont dès lors pertinents lorsqu'il s'agit de déterminer s'il y a lieu d'insérer une disposition sur ces organismes dans le paragraphe 2 et, le cas échéant, comment celle-ci doit être rédigée. Ces paragraphes comportent diverses dispositions susceptibles d'être utilisées pour traiter convenablement les organismes de placements collectifs se situant dans chacun des États contractants. Comme expliqué ci-après, le recours à ces dispositions peut rendre superflue l'insertion d'une règle spécifique sur les OPC dans le paragraphe 2, même s'il importera de s'assurer que, dans pareil cas, la définition du « bénéficiaire équivalent », si cette expression est utilisée pour les besoins de ces autres dispositions, est adaptée compte tenu de la définition énoncée au paragraphe 6.

33. Si l'alinéa f) est inséré, il visera des cas dans lesquels un État contractant accepte de considérer que les OPC établis dans l'autre État contractant sont des résidents de cet autre État conformément à l'analyse exposée aux paragraphes 6.9 à 6.12 des Commentaires sur l'article 1 (cette acceptation peut être confirmée par un accord amiable comme envisagé au paragraphe 6.16 des Commentaires sur l'article 1, ou il peut découler de décisions judiciaires ou administratives). Les dispositions de l'article, y compris l'alinéa f), ne s'appliquent pas dans le cas d'un OPC qui ne peut être qualifié de résident d'un État contractant selon l'analyse exposée aux paragraphes 6.9 à 6.12 des Commentaires sur l'article 1. Les dispositions de l'alinéa f) ne s'appliquent pas non plus si le droit d'un OPC aux avantages de la Convention est traité en vertu d'une disposition de la Convention similaire aux dispositions figurant dans les paragraphes 6.17, 6.21, 6.26, 6.27 et 6.32 des Commentaires sur l'article 1.

34. Comme expliqué aux paragraphes 6.19 et 6.20 des Commentaires sur l'article 1, les États contractants qui souhaitent traiter la question du droit des OPC aux avantages de la Convention souhaiteront peut-être examiner les caractéristiques économiques, notamment les possibilités de chalandage fiscal qu'ils offrent, des différents types d'OPC utilisés dans chaque État contractant.

35. À l'issue de cette analyse, ils concluront peut-être que le traitement fiscal des OPC établis dans les deux États ne suscite pas d'inquiétudes face au risque de chalandage fiscal, et ils décideront alors d'insérer dans leur convention bilatérale la disposition figurant au paragraphe 6.17 des Commentaires sur l'article 1, laquelle permet de garantir expressément l'accès à la Convention pour les OPC établis dans chaque État et, dans le même temps, fait en sorte que ces OPC soient des personnes admissibles aux termes de l'alinéa a) du paragraphe 2 de l'article (sachant qu'un OPC auquel s'appliquerait cette disposition serait considéré comme une personne physique). Dans ce cas, l'alinéa f) devrait être supprimé. Les États qui estiment également que les OPC établis dans les deux États ne suscitent pas d'inquiétudes face au risque de chalandage fiscal, mais qui n'insèrent pas dans leur Convention la disposition figurant au paragraphe 6.17 des Commentaires sur l'article 1, doivent veiller à ce que tout OPC qui est un résident d'un État contractant soit une personne admissible. Dans ce cas, l'alinéa f) devrait être rédigé comme suit :

> *f) un OPC [une définition de ce qu'est un OPC devra être insérée à l'alinéa f) du paragraphe 6] ;*

36. Les États contractants pourraient toutefois conclure que les OPC offrent la possibilité aux résidents d'États tiers de bénéficier d'avantages conférés par la Convention dont ils n'auraient pas pu bénéficier si ces résidents avaient investi directement, et ils pourraient dès lors préférer une formulation de l'alinéa f) permettant de s'assurer qu'un OPC qui est un résident d'un État contractant sera une personne admissible, mais uniquement dans la mesure où les participations bénéficiaires dans l'OPC appartiennent à des bénéficiaires équivalents. Dans ce cas, l'alinéa f) devrait être rédigé comme suit :

> *f) un organisme de placement collectif, mais seulement dans la mesure où, à ce moment, les participations bénéficiaires dans l'OPC appartiennent à des résidents de l'État contractant dans lequel l'organisme de placement collectif est établi ou à des bénéficiaires équivalents.*

37. Ce traitement correspond à celui qui résulterait de l'insertion, dans une convention fiscale, d'une disposition similaire à la disposition figurant au paragraphe 6.21 des Commentaires sur l'article 1. Comme expliqué aux paragraphes 6.18 à 6.24 des Commentaires sur l'article 1, l'insertion de cette autre disposition apporterait une solution plus complète aux problèmes soulevés par les conventions à propos des OPC parce qu'elle répondrait au souci de prévenir le chalandage fiscal tout en précisant le traitement réservé, dans les conventions fiscales, aux OPC situés dans les deux États contractants. Si cette disposition était intégrée dans une convention fiscale, l'alinéa f) ne serait pas nécessaire s'agissant des OPC auxquels cette autre disposition s'appliquerait : étant donné que cette dernière prévoit qu'un OPC auquel elle s'applique doit être traité comme une personne physique (dans la mesure où les participations bénéficiaires dans cet OPC appartiennent à des bénéficiaires équivalents), cet OPC est une personne admissible en vertu de l'alinéa a) du paragraphe 2 de l'article.

38. L'approche décrite dans les deux paragraphes précédents, tout comme celle décrite aux paragraphes 6.21, 6.26 et 6.28 des Commentaires sur l'article 1, oblige l'OPC à déterminer, lorsqu'un avantage est revendiqué concernant un élément de revenu, la proportion de détenteurs de parts qui auraient eu droit aux avantages de la Convention s'ils avaient investi directement. Comme indiqué au paragraphe 6.29 des Commentaires sur l'article 1, cependant, la répartition des parts d'un OPC change fréquemment et ces parts sont souvent détenues à travers des intermédiaires. Pour cette raison, l'OPC et ses gestionnaires ne connaissent souvent pas eux-mêmes les noms et le statut au regard de la Convention des bénéficiaires effectifs de parts. Il serait donc difficile dans la pratique pour l'OPC de recueillir ces informations auprès des intermédiaires en question chaque fois que l'OPC perçoit un revenu. En conséquence, il faudrait que les États contractants acceptent d'adopter des approches commodes et fiables ne nécessitant pas un suivi journalier. Comme indiqué au paragraphe 6.31 des Commentaires sur l'article 1, la proportion des personnes qui investissent dans les OPC n'évolue en principe que relativement lentement, même si l'identité des investisseurs peut changer d'un jour à l'autre. Il convient dès lors de déterminer régulièrement dans quelle mesure les participations bénéficiaires dans un OPC appartiennent à des résidents ou bénéficiaires équivalents, le calcul effectué à une date donnée étant applicable aux paiements reçus jusqu'au calcul suivant. Cette approche correspond à celle décrite au paragraphe 6.31 des Commentaires sur l'article 1, selon lequel :

> *…une approche raisonnable consisterait à obliger l'OPC à collecter auprès d'autres intermédiaires, aux dates indiquées, des informations permettant à l'OPC de déterminer la proportion des investisseurs ayant droit aux bénéfices de conventions fiscales. Ces informations pourraient être demandées à la fin de l'année civile ou fiscale ou, si la situation du marché suggère que la rotation des investisseurs est élevée, plus fréquemment, mais pas plus souvent qu'à la fin de chaque trimestre de l'année civile. L'OPC pourrait ensuite présenter une demande sur la base d'une moyenne des sommes en question au cours d'une période définie d'un commun accord. Dans l'adoption de telles procédures, il faudrait veiller à choisir des dates d'évaluation permettant à l'OPC de disposer d'un temps suffisant pour actualiser les informations qu'il communique aux autres payeurs afin d'assurer l'exactitude des prélèvements à la source au début de chaque période.*

39. L'autre optique que les États contractants peuvent adopter, s'agissant des OPC, est celle décrite au paragraphe 6.26 des Commentaires sur l'article 1. Les États contractants qui adoptent cette optique souhaiteront peut-être rédiger l'alinéa f) de telle manière qu'un OPC qui est résident d'un État contractant ne soit considéré comme une personne admissible que si les participations bénéficiaires dans cet OPC appartiennent à des résidents de l'État contractant dans lequel l'OPC est établi. Dans ce cas, l'alinéa f) devrait être rédigé comme suit :

> *f) un organisme de placement collectif, mais seulement dans la mesure où, à cette date, les participations bénéficiaires dans l'organisme de placement collectif appartiennent à des résidents de l'État contractant dans lequel l'organisme est établi.*

Étant donné que l'insertion de la disposition prévue au paragraphe 6.26 des Commentaires sur l'article 1 aboutirait au même résultat en ce qui concerne les OPC auxquels cette disposition s'appliquerait, l'alinéa f) ne serait pas nécessaire si cette disposition était reprise dans une convention, s'agissant des OPC auxquels elle s'appliquerait.

40. Une variante de l'approche précédente consisterait à considérer qu'un OPC qui est un résident d'un État contractant devrait être une personne admissible si la majorité des participations bénéficiaires dans cet OPC appartient à des personnes résidentes de l'État contractant dans lequel l'OPC est établi. Ce résultat pourrait être obtenu en omettant l'alinéa f) et en s'appuyant uniquement sur l'application de l'alinéa 2) e) (critères de la propriété et de l'érosion de la base d'imposition).

41. Les États contractants pourraient aussi adopter une position consistant à estimer que le fait qu'une part importante des investisseurs d'un OPC ait droit aux avantages d'une convention constitue une protection appropriée contre le

chalandage fiscal et qu'il est donc justifié de définir un seuil de participation au capital au-delà duquel les bénéfices de la Convention seront accordés à tous les revenus reçus par l'OPC. Une disposition qui permettrait d'assurer ce résultat figure au paragraphe 6.27 des Commentaires sur l'article 1, et l'alinéa f) ne serait pas nécessaire si les États contractants intégraient cette disposition dans leur convention bilatérale s'agissant des OPC auxquels la disposition s'appliquerait. Si cette disposition n'est pas reprise dans la convention, le champ d'application de l'alinéa f) pourrait être élargi en adoptant la formulation suivante : « un organisme de placement collectif, mais seulement dans la mesure où [ ] pour cent des participations bénéficiaires dans cet organisme appartiennent à des résidents de l'État contractant dans lequel l'organisme est établi ».

42. De même, les États contractants peuvent utiliser la disposition du paragraphe 6.32 des Commentaires sur l'article 1 s'ils considèrent « qu'un organisme de placement collectif coté en bourse ne peut servir efficacement à des fins de chalandage fiscal parce que les actionnaires ou détenteurs d'un tel OPC ne peuvent exercer individuellement de contrôle sur lui ». Dans ce cas, l'alinéa f) ne serait pas nécessaire s'agissant des OPC auxquels s'appliquerait cette disposition. Les États qui partagent cette position, mais n'ont pas intégré cette disposition dans leur convention, pourraient rédiger comme suit l'alinéa f) :

> ***f) un organisme de placement collectif si la principale catégorie d'actions de l'organisme de placement collectif est cotée et fait régulièrement l'objet de transactions sur un marché boursier reconnu.***

43. Enfin, comme expliqué au paragraphe 6.25 des Commentaires sur l'article 1, les États qui sont préoccupés par le risque, décrit dans ce paragraphe, d'un report potentiel d'imposition lorsqu'un OPC est soumis à un impôt faible ou nul et peut capitaliser ses revenus au lieu de les distribuer au fur et à mesure de leur réalisation, peuvent vouloir négocier des clauses prévoyant de n'accorder les bénéfices d'une convention qu'aux seuls OPC qui sont tenus de distribuer leurs bénéfices au fur et à mesure. Selon la manière dont elles sont formulées, ces dispositions peuvent rendre l'alinéa f) superflu.

Exercice actif d'une activité d'entreprise

Version simplifiée

4. a) Un résident d'un État contractant qui n'est ni une personne admissible ni fondé aux termes du paragraphe 3 à bénéficier d'un avantage qui serait normalement accordé par cette Convention concernant un élément de revenu peut néanmoins revendiquer cet avantage s'il exerce une activité d'entreprise dans le premier État contractant mentionné (autre que l'activité consistant à réaliser ou gérer des placements pour son propre compte, à moins qu'il ne s'agisse d'activités menées par une banque, une compagnie d'assurance ou un opérateur sur titres agréé, ou toute autre institution convenue par les États contractants), si ce revenu est tiré de cette activité ou s'il en constitue un élément accessoire.

b) Si un résident d'un État contractant tire un élément de revenu d'une activité d'entreprise qu'il exerce dans l'autre État contractant, ou reçoit d'une entreprise liée un élément de revenu provenant de cet autre

État, les conditions décrites à l'alinéa a) seront considérées comme remplies s'agissant de cet élément de revenu seulement si l'activité d'entreprise exercée par le résident dans le premier État mentionné présente un caractère substantiel par rapport aux activités exercées par le résident ou l'entreprise liée dans l'autre État contractant. Aux fins de l'application du présent sous-alinéa, le caractère substantiel de l'activité d'entreprise sera déterminé en prenant en compte l'ensemble des faits et circonstances propres à chaque cas.

c)Aux fins de ce paragraphe, l'activité d'entreprise exercée par une société de personnes dans laquelle une personne est un associé et l'activité d'entreprise exercée par des entreprises liées à une personne seront réputées être exercées par cette personne.

Version détaillée

3. a) Un résident d'un État contractant peut, qu'il soit ou non une personne admissible, bénéficier des avantages prévus par la présente Convention au titre d'un élément de revenu ayant sa source dans l'autre État contractant si ce résident exerce activement une activité d'entreprise dans le premier État (autre que l'activité consistant à réaliser ou gérer des placements pour son propre compte, à moins qu'il ne s'agisse d'activités bancaires, d'assurance ou d'activités portant sur des valeurs mobilières effectuées par une banque, ou [*liste des établissements financiers assimilables à des banques que les États contractants décident de considérer comme tels*]*, une compagnie d'assurance ou un opérateur sur titres agréé), si le revenu tiré de l'autre État contractant est tiré de cette activité ou s'il en constitue un élément accessoire.*

b) Si un résident d'un État contractant tire un élément de revenu d'une activité d'entreprise qu'il exerce dans l'autre État contractant, ou reçoit d'une entreprise associée un élément de revenu provenant de cet autre État, les conditions décrites à l'alinéa a) seront considérées comme remplies s'agissant de cet élément de revenu seulement si l'activité d'entreprise exercée par le résident dans le premier État mentionné présente un caractère substantiel par rapport aux activités exercées par le résident ou l'entreprise associée dans l'autre État contractant. Aux fins de l'application du présent paragraphe, le caractère substantiel de l'activité d'entreprise sera déterminé en prenant en compte l'ensemble des faits et circonstances propres à chaque cas.

c)Aux fins de l'application du présent paragraphe, les activités exercées par des personnes liées à une autre personne seront réputées être exercées par cette dernière. Une personne sera considérée comme liée à une autre si elle possède au moins 50 pour cent des participations bénéficiaires dans l'autre (ou, dans le cas d'une société, au moins 50 pour cent du total des droits de vote et de la valeur des actions de la société ou de la participation effective détenue dans le capital de la société) ou si une autre personne possède au moins 50 pour cent des participations bénéficiaires dans chacune d'elles (ou, dans le cas d'une société, au moins 50 pour cent du total des droits de vote et de la valeur des actions de la société ou de la participation effective détenue dans le capital de la société). Dans tous les cas, une personne sera

<u>considérée comme liée à une autre si, au vu de l'ensemble des faits et circonstances propres à chaque cas, l'une contrôle l'autre ou si les deux sont contrôlées par la même personne ou les mêmes personnes.</u>

Commentaires sur la version détaillée

44. Un autre critère permettant de déterminer si un résident d'un État contractant peut bénéficier des avantages de la Convention est proposé au paragraphe 3. Ce critère vise certains éléments de revenu qui sont liés à l'exercice actif d'une activité d'entreprise dans l'État de résidence. Il est admis dans ce paragraphe que lorsqu'une entité résidente d'un État contractant exerce activement une activité d'entreprise dans cet État, y compris en conduisant des activités menées par des personnes liées, et tire des revenus ayant leur source dans l'autre État contractant qui sont liés à ces activités ou en constituent un élément accessoire, le fait d'accorder les avantages conférés par la Convention au titre de ces revenus ne donne pas matière à craindre un risque de chalandage fiscal, indépendamment de la nature de l'entité et de l'identité de ses propriétaires. Ce paragraphe ouvrira droit aux avantages de la Convention dans un grand nombre de situations dans lesquelles le bénéfice de ces avantages aurait par ailleurs été refusé en vertu du paragraphe 1 au motif que l'entité n'est pas une « personne admissible » au sens du paragraphe 2.

45. Un résident d'un État contractant, qu'il soit ou non une personne admissible en vertu du paragraphe 2, peut prétendre au bénéfice des avantages conférés en vertu du paragraphe 3. Selon le critère relatif à l'exercice actif d'une activité d'entreprise décrit au paragraphe 3, une personne (généralement une société) sera admissible aux avantages de la Convention si elle satisfait deux conditions : (1) elle exerce activement une activité d'entreprise dans son État de résidence et (2) les versements au titre desquels le droit aux avantages est revendiqué sont liés à cette activité. Dans certains cas, un critère supplémentaire doit être appliqué selon lequel l'activité doit présenter un caractère substantiel en volume par rapport à l'activité exercée dans l'État où les revenus ont leur source.

46. La règle générale selon laquelle un résident d'un État contractant qui exerce activement une activité d'entreprise dans cet État peut bénéficier des avantages de la Convention au titre d'un élément de revenu ayant sa source dans l'autre État contractant est énoncée à l'alinéa a). Cet élément de revenu doit toutefois être lié à cette activité ou en constituer un élément accessoire.

47. L'expression « activité d'entreprise » n'est pas définie et, en vertu de la règle générale énoncée au paragraphe 2 de l'article 3, il faut lui donner le sens qu'elle a dans le droit interne. L'on considérera généralement qu'une entité exerce activement une activité d'entreprise seulement si les personnes par l'intermédiaire desquelles elle agit (comme les cadres ou les travailleurs d'une société) exercent des activités de gestion et d'exploitation présentant un caractère substantiel.

48. L'activité consistant à réaliser ou gérer des placements pour le propre compte du résident sera considérée comme une activité d'entreprise seulement si les activités en question relèvent d'activités bancaires ou d'assurance ou d'activités portant sur des valeurs mobilières effectuées par une banque, ou un établissement financier assimilable à une banque que les États contractants décident de considérer comme tel (notamment une coopérative de crédit ou une société de crédit immobilier), une compagnie d'assurance ou un opérateur

sur titres agréé. Ces activités, si elles sont exercées par une personne autre qu'une banque (ou un établissement financier agréé par les États contractants), une compagnie d'assurance ou un opérateur sur titres agréé, ne seront pas considérées comme l'exercice actif d'une activité d'entreprise. Elles ne seraient pas non plus considérées comme telles si elles sont conduites par une banque (ou un établissement financier assimilable à une banque que les États contractants décident de considérer comme tel) ou une compagnie d'assurance ou un opérateur sur titres agréé, mais ne relèvent pas de leurs activités comme tels. Étant donné que l'opération d'un siège social fait partie de l'activité de gestion des placements, une entreprise qui exerce uniquement des fonctions de siège social ne sera pas considérée comme exerçant une activité d'entreprise aux fins du paragraphe 3.

49. Un élément de revenu est lié à une activité d'entreprise si l'activité qui le génère dans l'État de la source relève d'un secteur qui « fait partie » ou est « complémentaire » de l'activité menée dans l'État de résidence par le bénéficiaire du revenu.

50. Une activité d'entreprise sera généralement considérée comme faisant partie d'une activité d'entreprise exercée dans l'État de la source si les deux activités supposent la conception, la fabrication ou la vente des mêmes produits ou types de produits, ou la fourniture de services similaires. Le secteur d'activité dans l'État de résidence peut se situer en amont ou en aval de l'activité menée dans l'État de la source, ou être parallèle à celle-ci. En conséquence, le secteur d'activité peut alimenter en intrants un processus de fabrication se déroulant dans l'État de la source, vendre le produit issu de ce processus de fabrication, ou simplement vendre les mêmes types de produits que ceux qui sont vendus dans le cadre des activités menées dans l'État de la source. Les exemples qui suivent illustrent ces principes :

- ***Exemple 1 : ACO est une société résidente de l'État A et exerce une activité de fabrication dans cet État. ACO détient 100 pour cent des actions de BCO, société résidente de l'État B. BCO distribue les produits d'ACO dans l'État B. Étant donné que les activités d'entreprise menées par les deux sociétés concernent les mêmes produits, l'activité de distribution de BCO est considérée comme faisant partie de l'activité de fabrication d'ACO.***
- ***Exemple 2 : Les données factuelles sont identiques à celles de l'exemple 1, si ce n'est qu'ACO ne fabrique pas de produits. La société ACO exploite dans l'État A une grande installation de recherche-développement qui concède des licences d'exploitation de droits de propriété intellectuelle à des filiales situées dans le monde entier, y compris à BCO. BCO et d'autres filiales fabriquent et commercialisent ensuite les produits conçus par ACO sur leurs marchés respectifs. Étant donné que les activités d'entreprise menées par ACO et BCO concernent les mêmes lignes de produits, ces activités sont considérées comme faisant partie de la même activité d'entreprise.***

51. Pour que deux activités soient considérées comme « complémentaires », il n'est pas nécessaire qu'elles se rapportent aux mêmes types de produits ou de services, mais elles doivent relever du même secteur général et être liées, en ce sens que le succès ou l'échec d'une activité entraînera généralement le succès ou

l'échec de l'autre. Lorsque plus d'une activité d'entreprise est exercée dans l'État de la source et qu'une seule d'entre elles se rattache à une activité menée dans l'État de résidence ou en est complémentaire, il est nécessaire de déterminer à laquelle un élément de revenu est imputable. On considérera généralement que les redevances pour la concession de licences sont liées à l'activité à laquelle le bien incorporel sous-jacent est imputable. Les dividendes seront réputés provenir d'abord des bénéfices de l'entreprise bénéficiant des avantages de la Convention, et ensuite, d'autres bénéfices. Les revenus d'intérêts peuvent être imputés selon toute méthode raisonnable appliquée de manière constante.

- *Exemple 3 : CCO est une société résidente de l'État C qui exploite une compagnie aérienne internationale. DCO est une filiale à 100 pour cent de CCO, résidente de l'État D. DCO exploite dans l'État D une chaîne d'hôtels situés à proximité d'aéroports desservis par des vols de CCO. CCO vend fréquemment des forfaits touristiques combinant des vols vers l'État D et l'hébergement dans des hôtels de DCO. Bien que les sociétés exercent activement une activité d'entreprise, l'exploitation d'une chaîne d'hôtels et l'exploitation d'une compagnie aérienne sont des activités distinctes. C'est pourquoi l'activité de DCO ne fait pas partie de celle de CCO. Elle est toutefois considérée comme complémentaire de celle-ci, parce que les deux activités relèvent du même secteur (les voyages) et que les liens entre elles tendent à les rendre interdépendantes.*

- *Exemple 4 : Les faits sont identiques à ceux de l'exemple 3, si ce n'est que DCO possède un immeuble de bureaux dans l'autre État contractant, et non une chaîne d'hôtels. Aucune partie de l'activité d'entreprise de CCO n'est exercée dans cet immeuble de bureaux. L'activité de DCO n'est pas considérée comme faisant partie ou comme complémentaire de l'activité de CCO. Les deux sociétés ont des activités distinctes dans des secteurs différents et il n'existe pas de lien de dépendance économique entre elles.*

- *Exemple 5 : ECO est une société résidente de l'État E. ECO produit et vend des fleurs dans l'État E et d'autres pays. ECO détient toutes les actions de FCO, société résidente de l'État F. FCO est une société de gestion n'exerçant pas réellement d'activité industrielle ou commerciale. FCO possède toutes les actions de trois sociétés résidentes de l'État F : GCO, HCO et ICO. GCO distribue les fleurs d'ECO sous la marque ECO dans l'État F. HCO commercialise une ligne de produits d'entretien des pelouses dans l'État F sous la marque ECO. Outre qu'ils sont vendus sous la même marque, les produits de GCO et de HCO sont vendus dans les mêmes magasins et les ventes des produits de chaque société ont tendance à dynamiser les ventes des produits de l'autre. ICO importe du poisson de l'État E et le distribue auprès des mareyeurs de l'État F. Aux fins du paragraphe 3, l'activité de GCO fait partie de l'activité d'ECO, l'activité de HCO est complémentaire de l'activité d'ECO, et l'activité d'ICO ne fait pas partie de celle d'ECO, et n'en est pas complémentaire.*

- *Exemple 6 : JCO est une société résidente de l'État J. JCO produit et vend des aliments pour bébé dans l'État J et dans d'autres pays. JCO acquiert toutes les actions de KCO, société résidente de l'État K qui produit et distribue de la confiture et d'autres produits alimentaires similaires. JCO et KCO appartiennent toutes deux au secteur de l'agro-alimentaire, les produits des activités conduites par ces deux sociétés sont vendus dans les mêmes magasins et tout incident concernant la qualité des produits de l'une ou l'autre aurait un effet négatif sur les ventes des produits de chacune d'entre elles. Aux fins du paragraphe 3, l'activité d'entreprise de KCO est complémentaire de celle de JCO.*

52. Un élément de revenu provenant de l'État de la source est « accessoire » par rapport à l'activité menée dans l'État de résidence si la production de cet élément facilite l'exercice de l'activité de l'entreprise dans l'État de résidence. Un exemple de revenu accessoire est le placement temporaire du fonds de roulement d'une personne résidente d'un État contractant.

53. Une condition supplémentaire, énoncée à l'alinéa b) du paragraphe 3, vient s'ajouter à la règle générale énoncée à l'alinéa a) dans les cas où l'activité produisant l'élément de revenu en question est exercée soit par la personne qui produit le revenu, soit par des entreprises associées. L'alinéa b) prévoit que, dans ces circonstances, l'activité d'entreprise exercée dans l'État de résidence doit être substantielle par rapport à l'activité exercée dans l'État de la source. Le critère relatif au caractère substantiel est destiné à prévenir un cas très spécifique de chalandage fiscal dans lequel une société tente de remplir les conditions pour bénéficier d'avantages conventionnels en exerçant un minimum d'activités liées dans l'État contractant dont elle est résidente (autrement dit, des activités ayant un coût ou un effet économique minime par rapport à l'activité globale de la société).

54. La détermination du caractère substantiel est fondée sur l'ensemble des faits et circonstances et exige en outre la prise en compte de la taille relative des entreprises dans chaque État contractant, de la nature des activités exercées dans chaque État contractant et des contributions respectives de celles-ci à l'activité d'entreprise exercée dans chaque État contractant. Il faudra en tout état de cause, pour déterminer le caractère substantiel d'une activité et comparer entre elles des activités, tenir dûment compte des tailles relatives des économies et des marchés des deux États contractants.

- *Exemple 7 : LCO est une entreprise pharmaceutique résidente de l'État L. LCO exerce des activités de fabrication dans l'État L et conduit également des activités de recherche-développement dans cet État. Toutes les actions de LCO sont détenues par OCO, société résidente de l'État O. LCO a mis au point différents médicaments contre le paludisme qui sont produits, sous brevets et marques de commerce appartenant à LCO, par MCO, filiale de LCO résidente de l'État M. LCO vend ces médicaments, ainsi que d'autres qu'elle fabrique également, dans l'État L et dans d'autres États où le paludisme est quasi-inexistant. MCO verse des redevances à LCO en contrepartie de l'exploitation des droits de propriété intellectuelle. Si l'on tient compte de la nature des activités conduites dans l'État L et dans l'État M et de leurs contributions relatives aux activités d'entreprise menées dans chaque État, les redevances versées ouvrent droit aux avantages de la Convention. Il convient de tenir compte également de la taille modeste du marché des antipaludéens dans l'État L (où les médicaments sont principalement vendus à des voyageurs se rendant dans des zones infestées par le paludisme) par rapport au même marché dans l'État M. Eu égard à la nature du marché du médicament dans chacun des pays ainsi qu'à l'ensemble des autres faits et circonstances, l'activité d'entreprise conduite par LCO dans l'État L peut être considérée comme présentant un caractère substantiel par rapport à l'activité menée par MCO dans l'État M.*

- *Exemple 8 : PCO, société résidente de l'État P, qui est un pays en développement, a mis au point une ligne de cosmétiques de luxe intégrant des composants d'origine végétale que l'on trouve principalement dans l'État P. PCO détient les brevets et marques de fabrique et de commerce de ces produits. Les actions de PCO sont détenues en proportions égales par trois actionnaires : une société résidente de l'État P, une autre société résidente de l'État Q et une troisième société, résidente de l'État R. PCO récolte et conditionne les plantes dans l'État P. Celles-ci sont ensuite expédiées vers l'État S (grand pays très peuplé où il existe une forte demande de cosmétiques de luxe) où elles sont transformées en produits cosmétiques par SCO, filiale de PCO résidente de l'État S. Les produits sont distribués dans l'État S par une autre filiale, TCO, qui est également résidente de l'État S, sous les marques de fabrique et de commerce concédés sous licence à TCO par PCO. Les produits portent sur l'étiquette la mention « Fabriqué dans l'État S ». Compte tenu de la taille relativement modeste de l'économie de l'État P par comparaison à celle de l'État S, l'activité d'entreprise exercée par PCO dans l'État P présente un caractère substantiel par rapport aux activités conduites par SCO et TCO dans l'État S.*

55. La détermination du caractère substantiel d'une activité au sens de l'alinéa b) doit également s'opérer séparément pour chaque élément de revenu provenant de l'État de la source. Il est dès lors possible qu'une personne ait droit aux avantages de la Convention au titre d'un élément de revenu, mais n'y ait pas droit au titre d'un autre. Si un résident d'un État contractant a droit aux avantages découlant de la Convention au titre d'un élément de revenu particulier en vertu du paragraphe 3, il a droit à tous les avantages de la Convention dans la mesure où ceux-ci concernent l'imposition de cet élément de revenu dans l'État de la source.

56. L'application du critère relatif au caractère substantiel de l'activité aux seuls revenus d'entreprises associées vise uniquement les cas d'abus potentiel et n'entrave pas certaines autres catégories d'activités ne constituant pas des abus, même si le bénéficiaire des revenus résident d'un État contractant peut être de taille très modeste par rapport à l'entité qui génère le revenu dans l'autre État contractant. Par exemple, si une petite entreprise de recherche installée dans un État met au point un processus dont elle concède la licence à une société pharmaceutique de très grande taille avec laquelle elle n'a pas de lien et qui est située dans un autre État, la taille de l'entreprise de recherche dans le premier État ne doit pas être comparée à la taille du fabricant. De même, une banque de taille modeste sise dans un État qui accorde un prêt à une société de très grande taille à laquelle elle n'est pas liée et qui mène une activité d'entreprise dans l'autre État n'a pas à satisfaire au critère relatif au caractère substantiel pour

déterminer si elle peut bénéficier des avantages de la Convention au titre du paragraphe 3.

57. L'alinéa c) du paragraphe 3 prévoit des règles d'attribution spéciales aux fins de l'application des règles des alinéas a) et b) relatives au caractère substantiel d'une activité. Ainsi, ces règles s'appliquent pour déterminer si une personne satisfait au critère énoncé à l'alinéa a), à savoir si elle exerce activement une activité d'entreprise et si l'élément de revenu est tiré de cette activité d'entreprise, et, pour faire la comparaison exigée pour établir si le critère relatif au « caractère substantiel » de l'activité figurant à l'alinéa b) est satisfait. En vertu de l'alinéa c), une personne se voit attribuer les activités menées par des personnes qui sont « liées » à elle. Une personne (« X ») est liée à une autre personne (« Y ») si X détient au moins 50 pour cent des participations bénéficiaires dans Y (ou si Y détient au moins 50 pour cent des participations bénéficiaires dans X). À cette fin, X est lié à une société si X détient des actions représentant au moins 50 pour cent du total des droits de vote et de la valeur de la société ou au moins 50 pour cent des participations bénéficiaires dans le capital de la société. X est également lié à Y si une tierce personne détient au moins 50 pour cent des participations bénéficiaires à la fois dans X et Y. À cette fin, si X ou Y est une société, le seuil appliqué pour caractériser la relation avec cette ou ces sociétés est 50 pour cent au moins du total des droits de vote et de la valeur, ou 50 pour cent au moins des participations bénéficiaires dans le capital. Enfin, X est lié à Y si, compte tenu de l'ensemble des faits et des circonstances, X contrôle Y, Y contrôle X, ou X et Y sont contrôlés par la même personne ou les mêmes personnes.

Avantages dérivés

Version simplifiée

3. Un résident d'un État contractant qui n'est pas une personne admissible peut néanmoins bénéficier d'un avantage qui serait normalement accordé par cette Convention concernant un élément de revenu si des personnes qui sont des bénéficiaires équivalents détiennent, directement ou indirectement, plus de 75 pour cent des participations bénéficiaires dans ce résident.

Version détaillée

[4. Une société résidente d'un État contractant a également droit à un avantage conféré par la Convention si, au moment où l'avantage devrait être accordé :

a) au moins 95 pour cent du total des droits de vote et de la valeur des actions de la société (et au moins 50 pour cent de toute catégorie d'actions conférant des droits disproportionnés) sont détenus, directement ou indirectement, par au plus sept personnes qui sont des bénéficiaires équivalents, sous réserve que, dans le cas d'une détention indirecte, chaque détenteur intermédiaire soit lui-même un bénéficiaire équivalent, et

b) moins de 50 pour cent du revenu brut de la société, tel que calculé dans l'État de résidence de cette dernière, au titre de la période d'imposition incluant la date à laquelle ce revenu est versé ou dû, directement

ou indirectement, à des personnes qui ne sont pas des bénéficiaires équivalents, sous la forme de paiements (sauf paiements de pleine concurrence effectués dans le cadre ordinaire d'activités d'entreprise au titre de services ou biens corporels) déductibles aux fins des impôts visés par la Convention dans l'État de résidence de la société.] [11]

Commentaires sur la version détaillée

58. On trouve dans le paragraphe 4 la description du critère des avantages dérivés qui peut possiblement s'appliquer à tous les avantages conférés par la Convention même s'il s'applique séparément à chaque élément de revenu. En règle générale, l'application de ce critère conduit à autoriser certaines sociétés résidentes d'un État contractant à bénéficier d'avantages conférés par la Convention si les détenteurs de ces sociétés auraient eu droit au moins au même avantage si les revenus en question leur avaient été versés directement. Pour être admissible en vertu de ce paragraphe, la société doit satisfaire à un critère de propriété ainsi qu'à un critère d'érosion de la base d'imposition.

59. On trouve dans l'alinéa a) une description du critère de propriété. Selon ce critère, au plus sept bénéficiaires équivalents doivent détenir des actions représentant au moins 95 pour cent du total des droits de vote et de la valeur de la société et au moins 50 pour cent de toute catégorie d'actions conférant des droits disproportionnés. La détention peut être directe ou indirecte. L'expression « bénéficiaire équivalent » est définie à l'alinéa f) du paragraphe 6.

60. On trouve dans l'alinéa b) une description du critère d'érosion de la base d'imposition. Une société satisfait à ce critère si moins de 50 pour cent de son revenu brut (tel que calculé dans l'État de résidence de la société), au titre de la période d'imposition incluant le moment où ce revenu est versé ou dû, directement ou indirectement, à une ou des personnes qui ne sont pas des bénéficiaires équivalents, sous la forme de paiements déductibles, aux fins des impôts visés par la Convention, dans l'État de résidence de la personne. Sont cependant exclus les paiements de pleine concurrence effectués dans le cadre ordinaire d'activités d'entreprise au titre de services ou biens corporels. Ce critère est le même que le critère d'érosion de la base d'imposition prévu au sous-alinéa e)ii) du paragraphe 2, si ce n'est que le critère figurant à l'alinéa b) vise les paiements induisant une érosion de la base d'imposition au profit de personnes qui ne sont pas des bénéficiaires équivalents.

61. Certains États considèrent que les dispositions du paragraphe 4 présentent un risque inacceptable de chalandage fiscal dans le cas de paiements qui seraient déductibles dans l'État de la source. Ces États préfèrent restreindre le champ d'application du paragraphe 4 aux seuls dividendes, ceux-ci n'étant généralement pas déductibles. Les États qui adoptent cette position sont libres de modifier la première partie du paragraphe et de la rédiger comme suit :

> ***4. Une société qui est résidente d'un État contractant peut également prétendre au bénéfice d'un avantage qui aurait par ailleurs été accordé en vertu de l'article 10 de la Convention si, à la date à laquelle cet avantage aurait été accordé :***

Dérogation laissée à la discrétion des autorités compétentes

Version simplifiée

5. Un résident d'un État contractant qui n'est pas une personne admissible et qui n'a pas droit en vertu du paragraphe 3 ou 4 à bénéficier d'un avantage qui serait normalement accordé par cette Convention au titre d'un élément de revenu peut néanmoins prétendre à cet avantage si l'autorité compétente de l'État contractant auquel l'avantage est demandé détermine, à la demande du résident et conformément à son droit interne ou à sa pratique administrative, qu'il ne peut être considéré que l'un des principaux objets de l'établissement, de l'acquisition ou du maintien du résident et de l'exercice de ses activités était de bénéficier de cet avantage. L'autorité compétente de l'État contractant à qui la demande a été adressée par un résident de l'autre État contractant doit consulter l'autorité compétente de cet autre État avant de rejeter la demande.

Version détaillée

5. Si un résident d'un État contractant ne peut bénéficier, en vertu des dispositions précédentes du présent article, de l'ensemble des avantages conférés par la Convention, l'autorité compétente de l'État contractant qui aurait par ailleurs dû accorder les avantages auxquels il n'a pas droit le traitera néanmoins comme s'il avait droit à ces avantages, ou s'il avait droit à des avantages à l'égard d'un élément de revenu ou de capital en particulier, dès lors qu'elle estime, à la demande du résident et après examen des faits et circonstances propres à chaque cas, que l'un des principaux objets de l'établissement, de l'acquisition ou du maintien du résident et de l'exercice de ses activités n'était pas de bénéficier des avantages de la Convention. L'autorité compétente de l'État contractant à laquelle la demande a été adressée consultera l'autorité compétente de l'autre État avant de rejeter une demande présentée par un résident de l'autre État en vertu du présent paragraphe.

Commentaires sur la version détaillée

62. Le paragraphe 5 prévoit que, lorsqu'en vertu des paragraphes 1 à 4 de l'article, un résident de l'un des États contractants ne peut prétendre à tous les avantages de la Convention dans un État contractant, ce résident peut demander à l'autorité compétente de cet État de lui accorder ces avantages. Dans ce cas, l'autorité compétente accordera ces avantages si, après examen des faits et circonstances propres à chaque cas, elle conclut que la constitution, l'acquisition ou la conservation de ce résident et l'exercice de ses activités n'ont pas parmi leurs objets principaux d'obtenir les avantages prévus par la Convention.

63. Par ce paragraphe, un résident qui ne peut prétendre aux avantages de la Convention au titre des paragraphes 1 à 4, mais qui a un lien substantiel à son État de résidence, compte tenu de considérations autres que celles visées par les critères objectifs décrits aux paragraphes 1 à 4, peut être en mesure d'obtenir le bénéfice des avantages de la Convention lorsque l'octroi de ces avantages ne serait par ailleurs pas contraire à la finalité de la Convention. Dans le cas d'une filiale résidente dont la société mère est établie dans un État tiers, si le fait que le taux de retenue à la source prévu par la Convention ne soit pas inférieur à celui prévu dans la convention conclue entre l'État de la source et

l'État tiers constituerait un critère pertinent, il ne saurait, en soi, suffire à établir que les conditions d'octroi de la dérogation à caractère discrétionnaire sont réunies. De même, lorsqu'une société étrangère exerce une activité d'entreprise mobile comme le financement, ou le droit interne d'un État contractant prévoit l'application d'un traitement fiscal spécial à certaines activités exercées dans des zones particulières ou à l'étranger (par exemple, la concession de licences d'exploitation d'actifs incorporels), ces facteurs n'apporteront pas la preuve qu'il existe une raison autre que fiscale d'établir l'activité d'entreprise dans cet État. En pareil cas, il doit exister d'autres facteurs liés à l'activité d'entreprise pour justifier l'établissement d'un lien substantiel avec cet État. Le paragraphe 5 prévoit aussi que l'autorité compétente de l'État auquel la demande est adressée se concertera avec l'autre État avant de refuser d'exercer son pouvoir discrétionnaire d'accorder les avantages à un résident de cet autre État.

64. Pour se voir accorder les avantages prévus au paragraphe 5, la personne doit prouver à l'autorité compétente de l'État auquel le bénéfice de ces avantages est demandé qu'il existe des raisons claires, de nature non fiscale, justifiant sa constitution, son acquisition ou son maintien ainsi que l'exercice de ses activités dans l'autre État contractant. Les objectifs de la constitution, de l'acquisition ou de la conservation d'une personne et de l'exercice de ses activités sont une question d'ordre factuel à laquelle on ne peut répondre qu'en examinant l'ensemble des faits et circonstances propres à chaque cas. Il n'est pas nécessaire de trouver une preuve concluante de l'intention, mais l'autorité compétente doit être en mesure de conclure, après une analyse objective des faits et circonstances propres au cas considéré, qu'aucun des objectifs principaux de la constitution, de l'acquisition ou du maintien de la personne et de l'exercice de ses activités n'était d'obtenir les avantages conférés par la Convention. On ne doit toutefois pas présupposer à la légère que l'obtention des avantages conférés par une convention était l'un de ces objets principaux, mais une personne ne devrait pas s'attendre à obtenir la dérogation visée au paragraphe 5 en se contentant d'affirmer que sa constitution, son acquisition ou son maintien ainsi que l'exercice de ses activités n'avaient pas pour objet de bénéficier des avantages de la Convention. Tous les éléments probants doivent être communiqués à l'autorité compétente pour lui permettre d'en juger.

65. La référence à « un des principaux objets » qui figure au paragraphe 5 signifie que l'obtention des avantages au titre d'une convention fiscale ne doit pas nécessairement être le seul objet, ou l'objet essentiel, de la constitution, l'acquisition ou du maintiende la personne ainsi que de l'exercice de ses activités. Il suffit qu'au moins un des principaux objets ait été l'obtention des avantages. Lorsque l'autorité compétente détermine, compte tenu de l'ensemble des faits et circonstances propres à la situation, que l'obtention des avantages visés par la Convention n'était pas l'un des principaux objets et n'aurait pas justifié la constitution, l'acquisition ou le maintien de la personne et la conduite de ses activités, elle doit considérer que cette personne a droit à ces avantages ou aux avantages qui se rattachent à un élément spécifique de revenu ou de capital. Toutefois, lorsque la constitution, l'acquisition ou le maintien de la personne et l'exercice de ses activités ont pour but d'obtenir des avantages similaires en vertu de plusieurs conventions, on ne doit pas considérer que l'obtention d'avantages au titre d'autres traités empêchera de considérer que l'octroi des avantages au titre d'un traité a été l'objet principal de ces opérations.

65.1 L'autorité compétente qui reçoit une demande de dérogation au titre du paragraphe 5 doit traiter rapidement cette demande.

66. Même si une telle demande sera habituellement adressée par un résident d'un État contractant à l'autorité compétente de l'autre État contractant, il peut arriver qu'un résident d'un État contractant demande à l'autorité de son propre État de résidence d'accorder une dérogation au titre du paragraphe 5. Il peut en être ainsi si les avantages de la convention faisant l'objet de la demande sont accordés par l'État de résidence, notamment s'il s'agit des avantages prévus par les dispositions des articles 23 A et 23 B concernant la suppression de la double imposition. En pareil cas, l'autorité compétente n'est pas tenue, en vertu du paragraphe, de se concerter avec l'autorité compétente de l'autre État avant de rejeter la demande.

67. Le paragraphe accorde un large pouvoir discrétionnaire à l'autorité compétente et, pourvu que celle-ci ait exercé ce pouvoir conformément aux exigences du paragraphe, on ne peut pas considérer que la décision de l'autorité compétente est une action qui aboutit à une imposition non conforme aux dispositions de la Convention (voir le paragraphe 1 de l'article 25). L'autorité compétente est toutefois tenue de prendre en compte, avant de prendre une décision, les faits et circonstances propres à chaque cas et de se concerter avec l'autorité compétente de l'autre État contractant avant de rejeter une demande visant à bénéficier d'avantages. La première exigence a pour but de veiller à ce que l'autorité compétente examine chaque demande pour ce qu'elle est, tandis que l'exigence relative à la consultation de l'autorité compétente de l'autre État contractant a pour but de faire en sorte que les États contractants traitent des cas similaires de manière cohérente et puissent justifier leur décision en se fondant sur les faits et circonstances propres à chaque cas. Cela étant, ce processus de consultation ne requiert pas que l'autorité compétente à laquelle la demande a été présentée obtienne l'accord de l'autorité compétente qui est consultée. C'est à l'autorité compétente à laquelle la demande est adressée que revient le pouvoir de décider s'il y a lieu de considérer que ni la constitution, l'acquisition ou la conservation du résident qui a fait la demande, ni la conduite de ses activités n'ont parmi leurs objets principaux d'obtenir les avantages prévus par la Convention. Une fois qu'elle a conclu que tel est bien le cas, elle est tenue d'accorder les avantages, mais elle peut alors accorder tous les avantages de la Convention au contribuable qui a fait la demande ou n'en accorder que certains. Elle peut par exemple n'accorder que les avantages se rapportant à un élément de revenu en particulier dans les mêmes conditions que celles prévues au paragraphe 3. Elle peut en outre imposer des conditions, notamment limiter dans le temps la portée de la dérogation accordée.

68. Une demande appelant une décision visée au paragraphe 5 peut être présentée soit avant (en vue d'obtenir par exemple une décision anticipée), soit après la constitution, l'acquisition ou la conservation de la personne pour laquelle la demande est présentée. Lorsque la demande est présentée après cette constitution, acquisition ou conservation, tous les avantages accordés par l'autorité compétente peuvent l'être avec effet rétroactif.

69. Il est impossible de fournir une liste détaillée de l'ensemble des faits et circonstances susceptibles d'être pris en considération pour prendre une décision visée au paragraphe 5, mais l'on peut citer à titre d'exemples l'historique, la

structure, l'actionnariat et les activités d'entreprise du résident auteur de la demande, le fait que ce résident est ou non une entité établie de longue date qui a été acquise récemment par des non-résidents pour des motifs autres que fiscaux, le fait que le résident exerce, ou non, des activités d'entreprise présentant un caractère substantiel, et le fait que le revenu du résident au bénéfice duquel les avantages sont revendiqués fait, ou non, l'objet d'une double imposition et que l'établissement ou l'utilisation du résident donne, ou non, lieu à la non-imposition ou à une imposition réduite du revenu.

69.1 Afin de réduire les répercussions sur les ressources de l'obligation faite aux autorités compétentes d'examiner les demandes de dérogation laissée à leur discrétion et de décourager les demandes clairement injustifiées, les États contractants jugeront peut-être utile de publier des lignes directrices sur les types de situations dont ils considèrent qu'elles pourront, ou non, justifier l'octroi d'une dérogation. Néanmoins, aucune condition administrative imposée aux requérants par un État contractant ne devrait dissuader les intéressés de présenter une demande lorsqu'ils estiment avoir une chance raisonnable de démontrer à une autorité compétente que les avantages devraient leur être accordés.

Définitions

Version simplifiée

6. Aux fins du présent article :

Version détaillée

6. Aux fins des dispositions précédentes du présent article :

69.2 Le paragraphe 6 prévoit un certain nombre de définitions applicables aux fins du présent article. Celles-ci complètent celles figurant aux articles 3, 4 et 5 de la Convention, qui s'appliquent pour toute la Convention.

L'expression « marché boursier reconnu » désigne

Version simplifiée

a) l'expression « marché boursier reconnu » désigne :

i) tout marché boursier établi et réglementé en tant que tel selon les lois de l'un des États contractants ; et

ii) tout autre marché boursier que les autorités compétentes des États contractants conviennent de reconnaître ;

Version détaillée

a) l'expression « marché boursier reconnu » désigne :

i) [liste des marchés boursiers agréés à la date de la signature] ; et

ii) tout autre marché boursier que les autorités compétentes des États contractants conviennent de reconnaître ;

Commentaires sur la version détaillée

70. La définition de l'expression « marché boursier reconnu » recouvre tout d'abord les marchés boursiers agréés par les deux États contractants à la date de la signature de la Convention. Bien qu'il s'agisse généralement de marchés boursiers établis dans les États contractants, sur lesquels les actions des sociétés et entités cotées en bourse résidentes de ces États font l'objet de transactions, les marchés boursiers correspondant à la définition ne doivent pas obligatoirement être établis dans un des États contractants. Il est ainsi tenu compte du fait qu'en raison de la mondialisation des marchés financiers et de la prédominance de certains grands centres financiers, les actions de nombre de sociétés cotées en bourse font aujourd'hui l'objet de transactions sur plus d'un marché boursier et sur des marchés boursiers situés en dehors de l'État de résidence de ces sociétés.

71. La définition permet aussi aux autorités compétentes des États contractants de compléter, par un accord ultérieur, la liste des marchés boursiers visés dans la définition à la date de la signature de la Convention.

71.1 Les marchés boursiers à inclure dans la définition doivent imposer des règles d'inscription à la cote qui garantissent que les titres d'entités cotées sur ce marché sont effectivement publiquement négociés. Les facteurs suivants doivent être pris en compte pour déterminer si un marché boursier doit être inclus dans la définition ou ajouté ultérieurement à cette liste au moyen de l'accord entre autorités compétentes mentionné dans le paragraphe précédent :

- *Quelles sont les exigences/règles en matière de cotation en bourse d'une société ?*
- *Quelles sont les exigences/règles applicables pour qu'une société puisse continuer d'être cotée en bourse, y compris les conditions financières minimales ?*
- *Quelles sont les exigences en matière de communication d'information et/ou de déclaration annuelle/intermédiaire pour les sociétés dont les actions sont cotées en bourse ?*
- *Quel est le volume annuel de titres négociés sur le marché ?*
- *Les règles de cotation garantissent-elles la négociation active des titres cotés ? Si oui, comment ?*
- *Les sociétés cotées en bourse sont-elles tenues de communiquer périodiquement des informations financières et des informations sur les événements susceptibles d'avoir une incidence significative sur leur situation financière ?*
- *Des informations sur le volume de transactions et sur l'actionnariat global des sociétés cotées en bourse sont-elles publiquement disponibles ?*
- *Des règles en matière de taille, comme une capitalisation minimale ou un nombre minimum de salariés, s'appliquent-elles aux sociétés dont les titres sont cotés en bourse ?*
- *Le marché impose-t-il un pourcentage minimum d'actionnariat public ? Si oui, quel est ce pourcentage minimum ?*

- ***Pour qu'une société soit inscrite à la cote, ses actions doivent-elles être librement négociables et entièrement libérées ?***
- ***Le marché est-il tenu de communiquer les cours des entreprises cotées dans un certain délai ?***
- ***Le marché est-il réglementé ou surveillé par une autorité publique du pays dans lequel il se trouve ?***
- ***[Dans le cas d'un marché nouveau qui doit être ajouté à une liste existante :] Pourquoi une société opterait-elle pour une cotation sur ce nouveau marché plutôt que sur un autre marché, y compris ceux qui sont déjà « reconnus » dans la convention fiscale ? Les exigences en matière de gouvernance et de communication financière sont-elles plus souples, par exemple ?***
- ***[Dans le cas d'un marché nouveau qui doit être ajouté à une liste existante :] Le nouveau marché constitue-t-il une plate-forme plus efficace pour lever des capitaux et, si oui, pour quelles raisons ?***

L'expression « principale catégorie d'actions »

Version simplifiée

b) l'expression « principale catégorie d'actions » désigne la catégorie ou les catégories d'actions d'une société qui, conjointement, représentent la majorité des droits de vote de la société ;

Version détaillée

b) l'expression « principale catégorie d'actions » désigne les actions ordinaires de la société, sous réserve que cette catégorie d'actions représente la majorité des droits de vote et de la valeur de la société. Si ce n'est le cas d'aucune catégorie d'actions ordinaires, la « principale catégorie d'actions » est constituée des catégories qui, conjointement, représentent une majorité du total des droits de vote et de la valeur de la société. Dans le cas d'une société à double cotation, la principale catégorie d'actions sera déterminée après exclusion des actions à droit de vote spécial qui ont été émises pour créer la structure à double cotation.

Commentaires sur la version détaillée

72. La définition de l'expression « principale catégorie d'actions » vise les actions ordinaires d'une société, mais seulement si celles-ci représentent la majorité des droits de vote et de la valeur de la société. Si une société ne compte qu'une seule catégorie d'actions, celle-ci constituera naturellement sa « principale catégorie d'actions ». Si elle en compte plus d'une, il est nécessaire de déterminer laquelle ou lesquelles constituent la « principale catégorie d'actions », c'est-à-dire la catégorie d'action, ou l'ensemble composé de plusieurs catégories d'actions, qui représente globalement une majorité des droits de vote et de la valeur de la société. Si, dans le cas particulier d'une société comptant plusieurs catégories d'actions, on peut imaginer que l'on puisse dénombrer plus d'un ensemble de catégories d'actions représentant la majorité des droits de vote et de la valeur de la société, il suffit alors de déterminer lequel de ces ensembles

satisfait aux critères décrits à l'alinéa c) du paragraphe 2 pour que la société puisse prétendre au bénéfice des avantages conférés par la Convention au titre de cette disposition (les avantages ne pourront être refusés à la société même si l'on peut distinguer un deuxième ensemble d'actions représentant la majorité des droits de vote et de la valeur de la société, mais ne satisfaisant pas aux critères énoncés à l'alinéa c) du paragraphe 2).

73. La dernière partie de la définition prévoit une exception visant les sociétés qui font partie d'une structure à double cotation telle que définie à l'alinéa g). Les actions à droit de vote spécial émises pour la création de la structure à double cotation ne doivent pas être prises en compte aux fins de la détermination de la principale catégorie d'actions de ces sociétés.

L'expression « catégorie d'actions conférant des droits disproportionnés »

Version détaillée uniquement

c) l'expression « catégorie d'actions conférant des droits disproportionnés » désigne les catégories d'actions d'une société résidente de l'un des États contractants qui permettent à l'actionnaire de bénéficier de droits de participation plus élevés, par voie de dividendes, de paiements lors de rachats d'action ou autrement, dans les revenus engendrés dans l'autre État contractant par des actifs particuliers ou des activités particulières de la société ;

74. Selon la définition de l'expression « catégorie d'actions conférant des droits disproportionnés », utilisée aux paragraphe 4 et aux alinéas c) et e) du paragraphe 2, on considère qu'une société est dotée d'une catégorie d'actions conférant des droits disproportionnés si certaines de ses actions en circulation sont assorties de conditions ou autres dispositions conférant à leur détenteur le droit à une fraction du revenu tiré par la société de l'autre État contractant qui est supérieure à celle à laquelle il aurait pu prétendre en l'absence de ces conditions ou dispositions. Ainsi, par exemple, une compagnie résidente d'un État contractant est dotée d'une « catégorie d'actions conférant des droits disproportionnés » si certaines de ses actions en circulation sont des « actions reflet » ouvrant droit au versement de dividendes selon une formule permettant de les évaluer à un niveau correspondant approximativement au rendement de ses actifs employés dans l'autre État contractant. L'exemple suivant illustre cette situation :

- ***Exemple : ACO est une société résidente de l'État A. ACO a émis des actions ordinaires et des actions privilégiées. Les actions ordinaires sont cotées en bourse et font régulièrement l'objet de transactions sur le marché boursier principal de l'État A. Les actions privilégiées ne comportent pas de droits de vote et donnent le droit à leurs détenteurs de recevoir des dividendes d'un montant égal aux paiements d'intérêts qu'ACO reçoit d'emprunteurs sans lien avec elle de l'État B. Les actions privilégiées sont intégralement détenues par un unique actionnaire résident d'un État tiers avec lequel l'État B n'a pas conclu de convention fiscale. Les actions ordinaires représentent plus de 50 pour cent de la valeur d'ACO et 100 pour cent des droits de vote. Étant donné que le détenteur des actions privilégiées est en droit de recevoir des paiements correspondant aux revenus d'intérêts*** *d'ACO générés dans l'État B, les actions privilégiées constituent une « catégorie d'actions conférant des droits disproportionnés » et, comme ces actions ne font pas régulièrement l'objet de transactions sur un marché boursier reconnu, ACO ne pourra pas prétendre aux avantages visés à l'alinéa c) du paragraphe 2.*

L'expression « siège principal de direction et de contrôle »

Version détaillée uniquement

d) le « siège principal de direction et de contrôle » d'une société sera situé dans l'État contractant dont elle est un résident seulement si les directeurs et les cadres supérieurs exercent, au quotidien, la responsabilité d'un plus grand nombre de décisions stratégiques, financières et opérationnelles pour la société (y compris ses filiales directes et indirectes) dans cet État contractant que dans tout autre État et si leurs collaborateurs exercent, au quotidien, davantage d'activités nécessaires à la préparation et à la prise de ces décisions dans cet État contractant que dans tout autre État ;

75. L'expression « siège principal de direction et de contrôle » est utilisée à l'alinéa c) du paragraphe 2. Cette expression est à distinguer de celle de « siège de direction effective » utilisée auparavant [date de la prochaine mise à jour] *au paragraphe 3 de l'article 4 et dans diverses dispositions, notamment l'article 8, applicables à l'exploitation de navires et d'aéronefs. Le concept de « siège de direction effective » a été interprété par certains États comme étant d'ordinaire le lieu où la personne ou le groupe de personnes exerçant les fonctions les plus élevées (par exemple, un conseil d'administration) prend les décisions sur le plan de la gestion et sur le plan commercial qui sont nécessaires pour la conduite des activités de la société. La notion de siège principal de direction et de contrôle, en revanche, fait référence au lieu où s'exerce, au quotidien, la responsabilité de la direction de la société (et de ses filiales). Un siège principal de direction et de contrôle sera situé dans l'État de résidence de cette société seulement si les directeurs et les cadres supérieurs exercent, au quotidien, la responsabilité d'un plus grand nombre de décisions stratégiques, financières et opérationnelles pour la société (y compris des filiales directes et indirectes) dans cet État que dans l'autre État ou dans tout État tiers, et si leurs collaborateurs les aidant à prendre ces décisions exercent également leurs activités dans cet État. Il s'agit dès lors d'examiner les activités globales des personnes concernées pour déterminer le lieu où ces activités sont exercées. Dans la plupart des cas, une condition nécessaire, mais non suffisante, sera que le siège de la société (c'est-à-dire le lieu où se trouvent normalement le PDG et les cadres supérieurs) soit situé dans l'État contractant dont la société est résidente.*

76. Pour déterminer le siège principal de direction et de contrôle d'une société, il est nécessaire de déterminer quelles sont les personnes qui doivent être considérées comme des « directeurs et cadres supérieurs ». Dans certains pays, il ne sera pas nécessaire de chercher au-delà du cercle des cadres qui sont membres du conseil d'administration (les administrateurs exerçant des fonctions dans l'entreprise). Ce ne sera toutefois pas toujours le cas ; en réalité, les personnes concernées peuvent être des salariés des filiales de la société si ce sont eux qui prennent les décisions stratégiques, financières et opérationnelles.

Il conviendrait en outre de tenir compte des mécanismes de vote spéciaux qui font que certaines personnes prennent certaines décisions sans que d'autres personnes y participent.

L'expression « organisme de placement collectif »

Version détaillée uniquement

e) [*définition possible de l'expression « organisme de placement collectif »*] ;[1]

[*Note de bas de page 1 : Une définition de l'expression « organisme de placement collectif » devrait être ajoutée si une disposition relative à ces organismes est incluse au paragraphe 2 (voir alinéa 2 f)).*]

77. Comme indiqué dans la note de bas de page de l'alinéa e), une définition de l'expression « organisme de placement collectif » devrait être ajoutée si une disposition relative à ces organismes figure à l'alinéa f) du paragraphe 2. Cette définition devrait permettre d'identifier les organismes de placements collectifs de chaque État contractant auxquels la disposition est applicable et pourrait être rédigée comme suit :

le terme « organisme de placement collectif » désigne, dans le cas de [État A], un [ ] et, dans le cas de [État B], un [ ], ainsi que tout autre fonds d'investissement, accord contractuel ou entité établis dans l'un des États contractants que les autorités compétentes des États contractants conviennent de considérer comme un organisme de placement collectif aux fins du présent paragraphe ;

78. Comme expliqué au paragraphe 6.22 des Commentaires sur l'article 1, il est prévu que les parties entre crochets contiennent des renvois spécifiques aux dispositions pertinentes de la législation fiscale ou de la législation sur les valeurs mobilières de chaque État contractant concernant les OPC auxquels l'alinéa f) du paragraphe 2 devrait s'appliquer.

*L'expression « bénéficiaire équivalent »*1

Version simplifiée

c) l'expression « bénéficiaire équivalent » désigne toute personne qui aurait droit à un avantage équivalent ou plus favorable au titre d'un élément de revenu octroyé par un État contractant en vertu de son droit interne, de cette Convention ou de tout autre instrument international que celui accordé à cet élément de revenu par cette Convention, à condition que, si cette personne n'est résident d'aucun des États contractants, le premier État contractant mentionné ait conclu une convention prévoyant un échange effectif et complet de renseignements en matière fiscale avec l'État dont cette personne est un résident. Pour déterminer si une personne est un bénéficiaire équivalent au titre de dividendes, cette personne doit être réputée détenir le même capital, les mêmes actions ou les mêmes droits de vote, selon le cas, de la société qui paie les dividendes que ceux que détient la société qui réclame l'avantage au titre des dividendes.

Version détaillée

[*f) l'expression « bénéficiaire équivalent » désigne un résident de tout autre État, mais seulement si ce résident*

i) A) pourrait prétendre à tous les avantages d'une convention de portée générale visant à éviter la double imposition conclue entre l'autre État et l'État auprès duquel l'octroi des avantages de la présente Convention est revendiqué en vertu de dispositions analogues à celles des alinéas a), b) ou d), ou du sous-alinéa i) de l'alinéa c), du paragraphe 2 du présent article, pour autant que, si cette convention ne contient pas un article complet sur la limitation des avantages, la personne pourrait prétendre aux avantages de la présente Convention en vertu des alinéa a), b) ou d), ou du sous-alinéa i) de l'alinéa c), du paragraphe 2 du présent article si cette personne était un résident de l'un des États en vertu de l'article 4 de la présente Convention ; et

B) en ce que concerne les revenus visés aux articles 10, 11 et 12 de la présente Convention, pourrait, en vertu de cette convention, bénéficier d'un taux d'imposition pour la catégorie particulière de revenus au titre desquels les avantages sont revendiqués en vertu de la présente Convention qui soit au moins aussi bas que le taux applicable en vertu de la présente Convention ; ou

ii) est un résident d'un État contractant qui peut prétendre aux avantages de la présente Convention en vertu de l'alinéa a), de l'alinéa b), du sous-alinéa i) de l'alinéa c), ou de l'alinéa d) du paragraphe 2 du présent article.]

[***Note de bas de page 1 : La décision d'insérer une définition de l'expression « bénéficiaire équivalent » sera fonction des décisions qui seront prises concernant l'insertion du paragraphe 4 et l'utilisation de cette expression à l'alinéa f) du paragraphe 2 traitant des organismes de placements collectifs.***]

Commentaires sur la version détaillée

79. La définition de la notion de « bénéficiaire équivalent » est utile aux fins du critère des avantages dérivés décrit au paragraphe 4, mais peut également l'être aux fins de l'alinéa f) du paragraphe 2 selon la manière dont cette règle est rédigée.

80. Aux termes de cette définition, une personne peut être considérée comme « bénéficiaire équivalent » à deux titres.

81. Premièrement, une personne peut être considérée comme un bénéficiaire équivalent parce qu'elle a droit aux avantages prévus par la convention fiscale conclue entre l'État de la source et un État tiers dont elle est résidente. Deux conditions doivent alors être réunies. La première, énoncée au sous-alinéa i)A), est qu'elle doit avoir droit à des avantages équivalents en vertu de la convention fiscale applicable. Pour que cette condition soit satisfaite, la personne doit avoir droit, en vertu de dispositions analogues aux règles énoncées aux alinéas a), b) ou d), ou au sous-alinéa i) de l'alinéa c), du paragraphe 2, à tous les avantages conférés par une convention fiscale de large portée conclue entre l'État contractant auprès duquel le bénéfice des avantages est revendiqué et un État

tiers. Si la convention en question ne contient pas un article complet sur la limitation des avantages, cette condition est satisfaite uniquement si la personne aurait droit, si elle était résidente de l'un des États contractants, aux avantages conférés par la Convention selon les critères énoncés aux alinéas a), b) ou d), ou au sous-alinéa i) de l'alinéa c), du paragraphe 2.

82. La seconde condition figurant au sous-alinéa i)B) s'applique uniquement aux avantages applicables aux dividendes, intérêts et redevances. Cette condition supplémentaire est que la personne doit avoir droit à l'application d'un taux d'imposition au moins aussi bas que celui qui s'appliquerait, aux termes de la Convention, à ce type de revenu. Dès lors, les taux à comparer sont : (1) le taux d'imposition que l'État de la source aurait appliqué si un résident de l'autre État contractant ayant le statut de personne admissible était le bénéficiaire effectif du revenu ; et (2) le taux d'imposition que l'État de la source aurait appliqué si le résident de l'État tiers avait reçu directement le revenu de l'État de la source.

83. La condition énoncée au sous-alinéa i)A) selon laquelle une personne doit avoir droit à « tous les avantages » d'une convention fiscale de portée générale conduit à exclure les personnes ayant droit à des avantages uniquement au titre de certaines catégories de revenu. Supposons par exemple que la société CCO, résidente de l'État C, soit la société mère d'ACO, société résidente de l'État A. CCO exerce une activité d'entreprise dans l'État C et, pour cette raison, a droit aux avantages conférés par une convention conclue entre l'État C et l'État B si elle perçoit directement des dividendes d'une filiale d'ACO située dans l'État B. Cela ne suffit toutefois pas aux fins de l'application du sous-alinéa i) B) de la convention conclue entre l'État A et l'État B. CCO ne peut donc être un bénéficiaire équivalent dès lors qu'elle n'a droit aux avantages qu'au titre de certaines catégories de revenu eu égard à la disposition relative aux « avantages dérivés » figurant dans la convention conclue entre l'État A et l'État C. Cependant, il est possible de ne pas s'arrêter à CCO et de remonter jusqu'à sa société mère afin de déterminer si cette dernière est un bénéficiaire équivalent.

84. Deuxièmement, peuvent être considérés comme « bénéficiaire équivalent » selon le critère défini au sous-alinéa ii) uniquement les résidents de l'un des États contractants satisfaisant aux conditions suivantes. Ces résidents sont des « bénéficiaires équivalents » s'ils peuvent prétendre au bénéfice des avantages de la convention en vertu des alinéas a), b) ou d), ou du sous-alinéa i) de l'alinéa c), du paragraphe 2. Une personne physique résidente de l'un des États contractants sera donc un bénéficiaire équivalent indépendamment du fait qu'elle aurait eu droit aux mêmes avantages si elle avait perçu le revenu directement. Cette deuxième situation illustre bien que le fait d'être détenue par certains résidents d'un État contractant n'empêche pas une société d'être admise au bénéfice des avantages d'une convention fiscale en vertu du paragraphe 4. Si, par exemple, une société résidente de l'État A est détenue à hauteur de 90 pour cent par cinq sociétés résidentes de l'État C qui satisfont aux conditions énoncées au sous-alinéa i) de la définition et à hauteur de 10 pour cent par une personne physique résidente de l'État A ou de l'État B, cette société est en mesure de satisfaire aux conditions figurant à l'alinéa a) du paragraphe 4.

L'expression « structure à double cotation »

Version détaillée uniquement

g) l'expression « structure à double cotation » désigne un mécanisme par lequel deux sociétés cotées en bourse, tout en conservant leur statut d'entités juridiques distinctes, des actionnariats distincts et des cotations distinctes, alignent leurs orientations stratégiques et les intérêts économiques de leurs actionnaires respectifs grâce :

i) à la constitution de conseils d'administration communs (ou pratiquement identiques), sauf dans les cas où les dispositions réglementaires les en empêchent ;

ii) à la gestion unifiée des activités des deux sociétés ;

iii) à des distributions équivalentes aux actionnaires par application d'une clé de répartition entre les deux sociétés, y compris en cas de liquidation de l'une des sociétés ou des deux ;

iv) au fait que les actionnaires des deux sociétés votent dans les faits comme un organe décisionnel unique sur les questions importantes touchant à leurs intérêts conjugués ; et

v) à des garanties croisées, ou un soutien financier similaire, pour des transactions ou engagements significatifs et réciproques, sauf lorsque les dispositions réglementaires applicables ont pour effet d'empêcher l'octroi de ces garanties ou de ce soutien financier ;

85. ***L'expression « structure à double cotation » est utile aux fins de la définition de l'expression « principale catégorie d'actions », elle-même pertinente aux fins des dispositions de l'alinéa c) du paragraphe 2 en vertu duquel certaines sociétés cotées en bourse sont des « personnes admissibles".***

86. ***La définition fait référence à un mécanisme, adopté par certaines sociétés cotées en bourse, matérialisant une unification de la gestion, de l'exploitation, des droits des actionnaires, de l'objet et de la finalité qui se concrétise par une série d'accords entre les deux sociétés mères, dont chacune est cotée séparément de l'autre, ainsi que par des dispositions figurant dans leurs statuts respectifs, prévoyant notamment, dans certains cas, la création d'actions à droit de vote spécial. Dans une telle structure, la position des actionnaires de la société mère est, dans la mesure du possible, la même que s'ils détenaient des actions dans une seule société, ouvrant les mêmes droits au bénéfice des dividendes et les mêmes droits sur les actifs des sociétés faisant partie de la structure à double cotation en cas de liquidation. Les différentes parties de la définition renvoient aux différentes caractéristiques que présentent ces accords.***

L'expression « actions »

Version détaillée uniquement

h) s'agissant des entités qui ne sont pas des sociétés, l'expression « actions » renvoie à des titres de participation qui sont comparables à des actions.

87. L'article ne contient pas de définition exhaustive du terme « actions », lequel, aux termes du paragraphe 2 de l'article 3, doit généralement avoir le sens qu'il a dans le droit interne de l'État qui applique l'article. L'alinéa h) prévoit néanmoins que le terme « actions », lorsqu'il est employé dans l'article à propos d'entités qui n'émettent pas d'actions (notamment des fiducies [***trusts***]***), fait référence à des titres de participation qui sont assimilables à des actions. Il s'agit généralement de titres donnant droit à leurs détenteurs au bénéfice d'une fraction du revenu ou des actifs de l'entité.***]

L'expression « entreprise liée »

Version simplifiée uniquement

d) Une personne sera considérée comme une entreprise liée à une autre si, au vu de l'ensemble des faits et circonstances, l'une contrôle l'autre ou si les deux sont contrôlées par la même personne ou les mêmes personnes.

Mode d'application à déterminer par les autorités compétentes

Version simplifiée uniquement

7. Les autorités compétentes des États contractants peuvent, d'un commun accord, régler les modalités d'application de cet article.

ii) Règles visant les mécanismes dont l'un des objets principaux est d'obtenir le bénéfice des avantages prévus par la Convention

26. Comme indiqué précédemment, la règle qui suit, reprenant des principes déjà reconnus dans les Commentaires sur l'article 1 du Modèle de Convention fiscale de l'OCDE, ouvre une voie permettant de s'attaquer de manière plus générale aux cas d'évasion concernant les conventions fiscales, y compris aux situations de chalandage fiscal, comme certains mécanismes de financement par intermédiaire qui ne sont pas couverts par la règle anti-abus spécifique de la sous-section A.1*(a)(i)* ci-dessus (les Commentaires sur la nouvelle règle contiennent un certain nombre de modifications apportées aux Commentaires qui figuraient dans la première version de ce rapport diffusée en septembre 2014) :

ARTICLE X

DROIT AUX AVANTAGES PRÉVUS PAR LA CONVENTION

[*Paragraphes 1 à 6 : voir sous-section* A.1*(a)(i)* ci-avant]

7. ***Nonobstant les autres dispositions de la présente Convention, un avantage au titre de celle-ci ne sera pas accordé au titre d'un élément de revenu ou de fortune s'il est raisonnable de conclure, compte tenu de l'ensemble des faits et circonstances propres à la situation, que l'octroi de cet avantage était l'un des objets principaux d'un montage ou d'une transaction ayant permis, directement ou indirectement, de l'obtenir, à moins qu'il soit établi que l'octroi de cet avantage dans ces circonstances serait conforme à l'objet et au but des dispositions pertinentes de la présente Convention.***

Commentaires

1. Le paragraphe 7 reflète les principes définis aux paragraphes 9.5, 22, 22.1 et 22.2 des Commentaires sur l'article 1, selon lesquels les avantages d'une convention fiscale ne devraient pas être accordés lorsqu'un des objets principaux des montages ou des transactions concernés est de bénéficier d'un avantage en vertu d'une convention fiscale et que l'octroi de cet avantage dans de telles circonstances serait contraire à l'objet et au but des dispositions pertinentes de la convention fiscale. Les principes qui sous-tendent ces paragraphes sont intégrés dans la Convention elle-même par l'intermédiaire du paragraphe 7 en vue de permettre aux États de s'attaquer aux cas d'utilisation abusive de la Convention même si leur droit interne ne leur permet pas de le faire conformément aux paragraphes 22 et 22.1 des Commentaires sur l'article 1 ; se trouve par ailleurs confirmée dans le paragraphe 7 l'application de ces principes aux États dont le droit interne permet déjà de s'attaquer à ces cas.

2. Les dispositions du paragraphe 7 ont pour effet de permettre de refuser un avantage conféré par une convention fiscale lorsqu'un des principaux objets d'un montage ou d'une transaction est l'octroi d'un avantage prévu par la Convention. En pareil cas cependant, la dernière partie du paragraphe offre à la personne à laquelle le bénéfice de l'avantage serait par ailleurs refusé la possibilité d'établir que l'octroi de l'avantage, dans ces circonstances, serait conforme à l'objet et au but des dispositions pertinentes de la Convention.

3. Le paragraphe 7 complète et ne limite en rien la portée ou l'application des dispositions des paragraphes 1 à 6 (règle de la limitation des avantages) : un avantage qui est refusé en vertu de ces paragraphes n'est pas un « avantage au titre de la Convention » susceptible d'être également refusé en vertu du paragraphe 7. En outre, les principes énoncées dans les Commentaires sur le paragraphe 7 ne doivent pas être utilisés pour interpréter les paragraphes 1 à 6, et vice-versa.

4. Inversement, le fait qu'une personne peut prétendre aux avantages accordés en vertu des paragraphes 1 à 6 ne signifie pas que ceux-ci ne peuvent pas être refusés en vertu du paragraphe 7. Les paragraphes 1 à 6 contiennent des règles qui sont principalement centrées sur la nature juridique, la propriété et les activités en général des résidents d'un État contractant. Comme le montre l'exemple décrit au paragraphe suivant, ces règles n'impliquent pas qu'une transaction ou un montage auquel ce résident est partie ne peut pas constituer une utilisation abusive d'une disposition d'une convention.

5. Le paragraphe 7 doit se lire dans le contexte des paragraphes 1 à 6 et du reste de la Convention, y compris de son préambule. Cela est particulièrement important aux fins de déterminer l'objet et le but des dispositions pertinentes de la Convention. Prenons, à titre d'exemple, une société cotée en bourse dont les actions font régulièrement l'objet de transactions sur un marché boursier reconnu dans l'État contractant dont elle est résidente et qui tire des revenus de l'autre État contractant. Dès lors que cette société est une « personne admissible » au sens du paragraphe 2, il est évident que les avantages découlant de la Convention ne devraient pas être refusés uniquement au regard de la structure de l'actionnariat de cette société, par exemple, parce qu'une majorité des actionnaires ne sont pas résidents du même État. L'alinéa 2 c) a pour objet et pour but d'établir un seuil pour le droit aux avantages d'une des sociétés cotées

en bourse dont les actions sont détenues par des résidents d'États différents. Le fait qu'une telle société est une personne admissible ne signifie toutefois pas que les avantages pourraient lui être refusés au titre du paragraphe 7 pour des motifs sans rapport avec la composition de son actionnariat. Supposons par exemple que cette société cotée en bourse est une banque agissant comme société relais dans un montage financier destiné à faire bénéficier indirectement un résident d'un État tiers de l'avantage d'une imposition à la source plus faible en vertu d'une convention. Dans ce cas, le paragraphe 7 s'appliquerait pour refuser cet avantage étant donné que l'alinéa 2 c), lorsqu'il est lu dans le contexte du reste de la Convention et, en particulier, de son préambule, ne peut être considéré comme ayant pour objet, partagé par les deux États contractants, d'autoriser des transactions constituant du chalandage fiscal conclues par des sociétés cotées en bourse.

6. Les dispositions du paragraphe 7 prévoient qu'un État contractant peut refuser les avantages d'une convention fiscale lorsqu'il est raisonnable de conclure, au vu de l'ensemble des faits et circonstances propres à la situation, qu'un des objets principaux d'un montage ou d'une transaction était l'obtention d'un avantage au titre d'une convention fiscale. Ces dispositions visent à garantir que les conventions fiscales sont appliquées conformément à l'objectif poursuivi lors de leur conclusion, à savoir octroyer des avantages au titre d'échanges de biens et de services et de mouvements de capitaux et de personnes effectués de bonne foi, et non grâce à des montages ayant pour objet principal d'obtenir un traitement fiscal plus favorable.

7. L'expression « avantage » recouvre toutes les formes de limitation (réduction, exonération, report ou remboursement d'impôt) de l'imposition appliquées à l'État de la source au titre des articles 6 à 22 de la Convention, la suppression de la double imposition prévue à l'article 23 et la protection assurée aux résidents et aux nationaux d'un État contractant au titre de l'article 24 ainsi que toute autre limitation similaire. Elle recouvre par exemple les limitations des droits d'imposition d'un État contractant sur les dividendes, intérêts ou redevances provenant de cet État et versés à un résident de l'autre État (qui est le bénéficiaire effectif) en vertu des articles 10, 11 ou 12. Elle recouvre en outre les limitations des droits d'imposition d'un État contractant, en vertu de l'article 13, sur les gains provenant de l'aliénation, par un résident de l'autre État, de biens mobiliers situés dans le premier État. Lorsqu'une convention fiscale prévoit d'autres limitations (comme une disposition prévoyant un crédit d'impôt fictif), les dispositions du présent article s'appliquent également à cet avantage.

8. La formule « ayant permis, directement ou indirectement, de l'obtenir » est volontairement très large de façon à couvrir les situations dans lesquelles la personne qui revendique l'octroi des avantages conférés par une convention fiscale peut le faire au titre d'une transaction qui n'est pas celle qui a été effectuée en ayant comme un de ses principaux objets l'obtention de cet avantage. L'exemple qui suit illustre cette situation :

> ***TCo, société résidente de l'État T, a acquis la totalité des actions et des dettes de SCo, société résidente de l'État S, précédemment détenues par la société mère de SCo. Il s'agissait notamment d'un prêt consenti à SCo à un taux d'intérêt de 4 pour cent, payable sur demande. L'État T n'a pas conclu de convention fiscale avec l'État S et tout intérêt versé par SCo***

> *à TCo est soumis à une retenue à la source sur les intérêts à un taux de 25 pour cent, conformément au droit interne de l'État S. Toutefois, la convention fiscale conclue entre l'État R et l'État S ne prévoit pas de retenue à la source sur les intérêts payés par une société résidente d'un État contractant et dont le bénéficiaire effectif est une société résidente de l'autre État; en outre, cette convention ne contient pas de dispositions similaires aux paragraphes 1 à 6. TCo décide de transférer le prêt à RCo, filiale résidente de l'État R, en échange de trois billets à ordre payables sur demande sur lesquels le taux d'intérêt est de 3.9 pour cent.*

Dans cet exemple, bien que RCo demande à bénéficier des avantages prévus dans la convention conclue entre l'État R et l'État S au titre d'un prêt accordé pour des motifs commerciaux valables, si les faits propres à la situation font apparaître que l'un des principaux objets de la transaction consistant pour TCo à transférer le prêt à RCo était d'obtenir, pour RCo, l'avantage conféré par la convention conclue entre l'État R et l'État S, alors la disposition s'appliquera et conduira à refuser cet avantage dans la mesure où c'est le transfert du prêt qui aurait permis indirectement d'en bénéficier.

9. L'expression « montage ou transaction » doit être interprétée au sens large et recouvre tout accord, entente, mécanisme, transaction ou série de transactions, qu'ils aient ou non force exécutoire. Elle recouvre en particulier la création, l'attribution, l'acquisition ou le transfert du revenu lui-même ou de la propriété ou du droit au titre duquel le revenu est dû. Cette expression englobe également les montages relatifs à la constitution, à l'acquisition ou à la conservation d'une personne qui est à l'origine du revenu, y compris la qualification de cette personne comme résident d'un des États contractants, et recouvre les mesures que des personnes peuvent prendre elles-mêmes pour établir leur résidence. Constituent par exemple un « montage » les mesures prises pour s'assurer que les réunions du conseil d'administration d'une société aient lieu dans un pays différent afin de pouvoir faire valoir que la société a changé de résidence. Une transaction peut à elle seule permettre d'obtenir un avantage, ou, conjuguée à une série plus complexe de transactions, concourir à l'obtention d'un avantage. Dans les deux cas, les dispositions du paragraphe 7 peuvent s'appliquer.

10. Afin de déterminer si un des objets principaux de toute personne concernée par un montage ou une transaction est d'obtenir des avantages au titre de la Convention, il importe d'analyser de manière objective les buts et objets poursuivis par l'ensemble des personnes qui sont associées à la conclusion de ce montage ou de cette transaction ou qui y participent. La détermination des objets d'un montage ou d'une transaction est une question d'ordre factuel à laquelle on ne peut répondre qu'en examinant cas par cas toutes les circonstances qui entourent ce montage ou cette transaction. Il n'est pas nécessaire de trouver une preuve concluante de l'intention d'une personne concernée par un montage ou une transaction, mais il doit être possible de conclure raisonnablement, après analyse objective des faits et circonstances propres à chaque situation, qu'un des objets principaux du montage ou de la transaction était d'obtenir les avantages de la convention fiscale. On ne doit toutefois pas présupposer à la légère que l'obtention d'un avantage conféré par une convention fiscale était un des objets principaux d'un montage ou d'une transaction, et se borner à examiner les effets d'un montage ne permettra généralement pas de tirer une conclusion à propos de ses objets. Toutefois, lorsqu'un montage ne peut raisonnablement s'expliquer que par un avantage résultant de l'application d'une convention, on peut conclure qu'un des objets principaux de ce montage était l'obtention de l'avantage.

11. Une personne ne peut éviter l'application de ce paragraphe en se contentant d'affirmer que le montage ou la transaction n'a pas été conclu en vue d'obtenir les avantages de la Convention. Tous les éléments de preuve doivent être évalués afin de déterminer s'il est raisonnable de conclure qu'un montage ou une transaction a été conclu à cette fin. La démarche suivie doit revêtir un caractère raisonnable, ce qui signifie que la possibilité qu'il puisse exister des interprétations différentes des faits doit être objectivement prise en compte.

12. La référence à « un des principaux objets » qui figure au paragraphe 7 signifie que l'obtention d'un avantage au titre d'une convention fiscale ne doit pas nécessairement être le seul objet, ou l'objet essentiel, d'un montage ou d'une transaction. Il suffit qu'au moins un des principaux objets ait été l'obtention de l'avantage. Une personne peut par exemple vendre un bien pour diverses raisons, mais si, avant la vente, cette personne devient un résident d'un des États contractants et qu'un des principaux objets de ce changement de résidence est d'obtenir un avantage au titre d'une convention fiscale, le paragraphe 7 pourrait s'appliquer nonobstant le fait que le changement de résidence peut avoir d'autres principaux objets, comme faciliter la vente du bien ou réinvestir le produit de la cession.

13. Un objet ne sera pas un objet principal lorsqu'il est raisonnable de conclure, compte tenu de l'ensemble des faits et circonstances propres à la situation, que l'obtention de l'avantage n'était pas un élément essentiel et n'aurait pas justifié la conclusion d'un montage ou d'une transaction qui, seul ou conjugué à d'autres, a permis d'obtenir l'avantage. En particulier, lorsqu'un montage est inextricablement lié à une activité commerciale essentielle et que sa forme n'a pas été dictée par des considérations liées à l'obtention d'un avantage, il est peu probable que l'on considère que son principal objet est d'obtenir l'avantage. Toutefois, lorsqu'un montage est conclu dans le but d'obtenir des avantages similaires en vertu de plusieurs conventions, on ne doit pas considérer que l'obtention d'avantages au titre d'autres traités empêchera de considérer que l'octroi d'un avantage au titre d'une convention a été l'objet principal de ce montage. Supposons, à titre d'exemple, qu'un contribuable qui est un résident de l'État A participe à un montage avec une institution financière résidente de l'État B agissant à titre de société-relais afin que celle-ci investisse, pour le bénéfice final de ce contribuable, dans des obligations émises dans un grand nombre d'États avec lesquels l'État B, au contraire de l'État A, a conclu des conventions fiscales. Si les faits et les circonstances font apparaître que le montage a eu pour principal objet d'obtenir des avantages conférés par ces conventions fiscales, il ne faudrait pas considérer que l'obtention d'un avantage au titre d'une convention spécifique n'était pas un des principaux objets de cet montage. De même, l'existence d'une intention de se soustraire à l'application du droit interne ne devrait pas être utilisée pour affirmer que l'obtention d'un avantage découlant de la convention n'était qu'un aspect accessoire.

14. Les exemples suivants illustrent l'application de ce paragraphe (les exemples figurant au paragraphe 19 ci-dessous doivent également être pris en compte pour déterminer si, et dans quelles circonstances, le paragraphe s'appliquerait dans le cas de mécanismes de financement par intermédiaire) :

- *Exemple A : TCo, société résidente de l'État T, détient des actions de SCo, société cotée sur le marché boursier de l'État S. L'État T n'a pas conclu de convention fiscale avec l'État S et, en conséquence, tout dividende versé par SCo à TCo est soumis à une retenue à la source sur les dividendes au taux de 25 pour cent, conformément au droit interne de l'État S. Toutefois, en vertu de la convention fiscale conclue entre l'État R et l'État S, aucune retenue ne doit être appliquée aux dividendes versés par une société résidente d'un État contractant dont le bénéficiaire effectif est une société résidente de l'autre État. TCo conclut un accord avec RCo, institution financière indépendante, en vertu duquel TCo confère à RCo le droit au versement de dividendes qui ont été déclarés mais non encore versés par SCo.*

  Dans cet exemple, en l'absence d'autres faits ou circonstances démontrant le contraire, il serait raisonnable de conclure qu'un des principaux objets du montage par lequel TCo confère à RCo le droit au versement de dividendes était que RCo obtienne l'exonération de la retenue à la source sur les dividendes prévue par la convention fiscale conclue entre l'État R et l'État S, et qu'il serait contraire à l'objet et au but de la convention fiscale d'accorder le bénéfice d'une exonération obtenue grâce à un montage relevant du chalandage fiscal.

- *Exemple B : SCo, société résidente de l'État S, est la filiale de TCo, société résidente de l'État T. L'État T n'a pas conclu de convention fiscale avec l'État S et, en conséquence, tout dividende versé par SCo à TCo est soumis à une retenue à la source sur les dividendes au taux de 25 pour cent, conformément au droit interne de l'État S. Toutefois, en vertu de la convention fiscale conclue entre l'État R et l'État S, le taux applicable pour la retenue à la source sur les dividendes versés par une société de l'État S à un résident de l'État R s'élève à 5 pour cent. TCo conclut dès lors un accord avec RCo, institution financière de l'État R et personne admissible au titre du paragraphe 3a) de cet article, accord en vertu duquel RCo acquiert pendant une période de trois ans l'usufruit des actions privilégiées sans droit de vote de SCo émises récemment. TCo est le nu-propriétaire de ces actions privilégiées. Le fait d'avoir l'usufruit donne à RCo le droit de percevoir les dividendes attachés à ces actions privilégiées. Le montant versé par RCo pour acquérir l'usufruit correspond à la valeur actuelle des dividendes à verser sur les actions privilégiées pendant une période de trois ans (amortie au taux auquel TCo pourrait emprunter à RCo).*

  Dans cet exemple, en l'absence d'autres faits et circonstances démontrant le contraire, il serait raisonnable de conclure qu'un des principaux objets du montage au titre duquel RCo a acquis l'usufruit des actions privilégiées émises par SCo était l'obtention de l'avantage que représente le plafond de 5 pour cent applicable à l'imposition à la source des dividendes prévue par la convention fiscale conclue entre l'État R et l'État S, et qu'il serait contraire à l'objet et au but de la convention fiscale d'accorder cet avantage obtenu grâce à un montage relevant du chalandage fiscal.

- ***Exemple C : RCo, société résidente de l'État R, exerce son activité dans le secteur de la production d'appareils électroniques et son activité est en pleine expansion. Elle envisage de construire une unité de fabrication dans un pays en développement afin de bénéficier de coûts de fabrication plus faibles. Après un examen préliminaire, des lieux d'implantation possibles ont été repérés dans trois pays différents. Ces trois pays présentent des environnements politiques et économiques similaires. Considérant que l'État S est le seul de ces pays avec lequel l'État R a signé une convention fiscale, il a été décidé de construire l'usine dans cet État.***

  Dans cet exemple, la décision d'investir dans l'État S est prise à la lumière des avantages découlant de la convention fiscale conclue entre l'État R et l'État S, mais il est clair que l'investissement et la construction de l'usine sont liés à l'expansion des activités de RCo et au fait que les coûts de fabrication sont plus bas dans ce pays. Dans cet exemple, on ne peut pas raisonnablement considérer qu'un des principaux objets de la construction de l'usine est l'obtention d'avantages conférés par la convention. De plus, dès lors que des conventions fiscales ont globalement pour objectif d'encourager les investissements transnationaux, l'obtention des avantages de la convention conclue entre l'État S et l'État R au titre de l'investissement réalisé dans l'usine construite dans l'État S est conforme à l'objet et au but des dispositions de cette convention.

- ***Exemple D : RCo est un organisme de placement collectif résident de l'État R et gère un portefeuille diversifié de placements réalisés sur les marchés financiers internationaux. RCo détient actuellement 15 pour cent de son portefeuille sous forme d'actions de sociétés résidentes de l'État S qui lui versent chaque année des dividendes. En vertu de la convention fiscale conclue entre l'État R et l'État S, le taux de l'impôt prélevé à la source sur les dividendes est ramené de 30 à 10 pour cent.***

  Les décisions d'investissement de RCo tiennent compte de l'existence d'avantages fiscaux offerts dans le cadre du large réseau de conventions fiscales conclues par l'État R. Les actionnaires de RCo sont en majorité des résidents de l'État R, mais un certain nombre d'entre eux (les actionnaires minoritaires) sont des résidents d'États avec lesquels l'État S n'a pas signé de convention fiscale. Les décisions prises par les actionnaires d'investir dans RCo ne sont pas motivées par la réalisation d'un investissement particulier effectué par RCo, et la stratégie d'investissement de RCo n'est pas déterminée par la situation fiscale de ses actionnaires. RCo distribue chaque année la quasi-totalité de ses bénéfices à ses actionnaires et acquitte dans l'État R des impôts sur les bénéfices non distribués au cours de l'année.

  En prenant la décision d'investir dans les actions de sociétés résidentes de l'État S, RCo a tenu compte de l'existence d'un avantage dont bénéficient les dividendes au titre de la convention fiscale conclue entre l'État R et l'État S, mais ce seul facteur ne suffit à lui seul à déclencher l'application du paragraphe 7. L'objectif des conventions fiscales est d'offrir des avantages en vue d'encourager les

investissements transnationaux et, en conséquence, pour déterminer si le paragraphe 7 s'applique, ou non, à un placement, il est nécessaire d'examiner le contexte dans lequel celui-ci a été réalisé. Dans cet exemple, sauf si l'investissement de RCo s'inscrit dans le cadre d'un montage ou se rapporte à une autre transaction effectuée principalement dans le but de bénéficier de la Convention, il ne serait pas raisonnable de refuser à RCo l'avantage conféré par la convention fiscale conclue entre l'État R et l'État S.

- *Exemple E : RCo est une société résidente de l'État R et détient depuis cinq ans 24 pour cent des actions de la société SCo, résidente de l'État S. À la suite à l'entrée en vigueur d'une convention fiscale entre les États R et S (convention dont l'article 10 est identique à l'article 10 de ce Modèle de Convention), RCo décide de porter à 25 pour cent le pourcentage des actions de SCo qu'elle détient. Les faits et circonstances font apparaître que la décision d'acquérir ces actions supplémentaires a été motivée principalement par le souhait de bénéficier du taux d'imposition plus faible prévu par l'article 10(2) a) de la convention.*

  Dans ce cas, bien qu'un des principaux objets de la transaction par laquelle les actions supplémentaires sont acquises soit manifestement l'obtention de l'avantage conféré par l'article 10(2)a), le paragraphe 7 ne s'applique pas car il peut être établi que l'octroi de cet avantage dans ces circonstances serait conforme à l'objet et au but de l'article 10(2)a). Dans cet alinéa, il est prévu un seuil arbitraire de 25 pour cent pour déterminer quels sont les actionnaires pouvant prétendre au bénéfice du taux d'imposition plus faible appliqué aux dividendes, et il est logique si l'on s'inscrit dans cette démarche d'accorder les avantages prévus par l'alinéa à un contribuable qui accroît véritablement sa participation dans une société pour se conformer à cette règle.

- *Exemple F : TCO est une entreprise cotée en bourse résidente de l'État T. La branche technologies de l'information de TCO, développée dans l'État S, est en plein essor depuis quelques années, grâce à une stratégie dynamique de fusions et d'acquisitions poursuivie par les dirigeants de TCO. RCO, une entreprise résidente de l'État R (État qui a conclu de nombreuses conventions fiscales prévoyant une imposition à la source faible ou nulle des dividendes et des redevances), est la société holding familiale d'un groupe qui est également actif dans le secteur des technologies de l'information. Pratiquement toutes les actions de RCO sont détenues par des résidents de l'État R qui sont des membres de la famille de l'entrepreneur qui a créé et développé les activités du groupe RCO. Les principaux actifs de RCO sont constitués d'actions de filiales situées dans des pays voisins, y compris SCO, une entreprise résidente de l'État S, ainsi que de brevets développés dans l'État R et octroyés sous licence à ces filiales. TCO, intéressée depuis longtemps par l'acquisition des activités du groupe RCO et de son portefeuille de brevets, a fait une offre en vue d'acquérir la totalité des actions de RCO.*

Dans cet exemple, en l'absence d'autres faits et circonstances prouvant le contraire, il serait raisonnable de conclure que les objets principaux de l'acquisition de RCO sont liés à l'expansion des activités du groupe TCO et n'incluent pas l'obtention des avantages octroyés par la convention conclue entre les États R et S. Le fait que RCO agisse principalement comme société holding est sans effet sur cette conclusion. Il se pourrait très bien qu'une fois les actions de RCO acquises, les dirigeants de TCO tiennent compte des avantages de la convention fiscale conclue entre les États R et S avant de décider de conserver dans RCO les actions de SCO et les brevets concédés en licence à SCO. Néanmoins, cela ne constituerait pas un but de la transaction en question, qui est l'acquisition des actions de RCO.

- *Exemple G : TCO, entreprise résidente de l'État T, est une société cotée en bourse. Elle détient directement ou indirectement un certain nombre de filiales dans différents pays. La plupart de ces entreprises exercent les activités du groupe TCO sur les marchés locaux. Dans une région, TCO détient les actions de cinq de ces entreprises, chacune située dans des États voisins différents. TCO envisage de créer une entreprise régionale chargée de fournir des services intra-groupe à ces entreprises, y compris des services de gestion de type comptabilité, conseil juridique et gestion de ressources humaines ; des services de financement et de trésorerie tels que la gestion des risques de change et l'organisation de transactions de couverture, ainsi que d'autres services connexes non financiers. Après un examen des emplacements possibles, TCO décide d'implanter l'entreprise régionale RCO dans l'État R. Cette décision est principalement motivée par l'existence d'une main d'œuvre qualifiée, d'un système juridique fiable, d'un environnement propice aux affaires, d'une stabilité politique, de l'appartenance à un groupement régional, d'un secteur bancaire sophistiqué et du réseau étendu de conventions de double imposition de l'État R, qui englobe ses conventions fiscales avec les cinq États dans lesquels TCO possède des filiales, qui appliquent tous de faibles taux de retenues à la source.*

  Dans cet exemple, se contenter d'examiner les effets des conventions sur les paiements futurs dus par les filiales à l'entreprise régionale ne permettrait pas de tirer une conclusion sur le but poursuivi par la création de RCO par TCO. Si l'on admet que les services intra-groupe que RCO doit fournir, y compris la prise de décisions nécessaires à l'exercice de ses activités, constituent une activité d'entreprise réelle par le biais de laquelle RCO exerce des fonctions économiques substantielles, en utilisant des actifs réels et en assumant des risques réels, et que cette activité est exercée par RCO au moyen de son propre personnel situé dans l'État R, il ne serait pas raisonnable de refuser les avantages des conventions conclues entre l'État R et les cinq États où les filiales sont implantées, sauf si d'autres faits indiquent que RCO a été fondée pour d'autres fins fiscales ou si RCO s'engage dans des transactions spécifiques auxquelles le paragraphe 7 s'appliquerait (voir également l'exemple F au paragraphe 15 ci-dessous concernant les intérêts et autres formes de rémunération que RCO pourrait tirer de ses activités de financement intra-groupe).

- *Exemple H : TCO, société résidente de l'État T, est cotée sur le marché boursier de l'État T. C'est la société mère d'une entreprise multinationale qui exerce diverses activités au niveau mondial (vente en gros, vente au détail, production manufacturière, investissement, finance, etc.). En raison de problèmes liés aux transports, au décalage horaire, à la pénurie de personnel maîtrisant les langues étrangères et à la localisation à l'étranger de partenaires commerciaux, il est difficile pour TCO de gérer ses activités à l'étranger depuis l'État T. Par conséquent, TCO crée RCO, une filiale résidente de l'État R (pays qui compte des marchés commerciaux et financiers internationaux développés et des ressources humaines qualifiées et abondantes), comme base de développement de ses activités commerciales à l'étranger. RCO exerce diverses activités d'entreprise, comme la vente en gros, la vente au détail, la production manufacturière, le financement et l'investissement national et international. RCO possède les ressources humaines et financières (dans différents domaines tels que les affaires juridiques, financières et fiscales, la comptabilité, la gestion des risques, les audits et contrôles internes) nécessaires à l'accomplissement de ces activités. Il est clair que les activités de RCO constituent l'exercice actif d'une activité commerciale dans l'État R.*

  Dans le cadre de ses activités, RCO se lance également dans l'aménagement de nouvelles installations de fabrication dans l'État S. À cette fin, elle injecte des fonds propres et octroie des prêts à SCO, une filiale résidente de l'État S que RCO a créée dans le but de contrôler ces installations. RCO recevra des dividendes et des intérêts de SCO.

  Dans cet exemple, RCO a été constituée pour des raisons d'efficience commerciale, et le fait qu'elle finance SCO par des fonds propres et des prêts s'inscrit dans l'exercice actif d'une activité d'entreprise dans l'État R. Sur la base de ces faits et en l'absence d'autres faits qui indiqueraient que l'objet principal de la création de RCO ou du financement de SCO était d'obtenir les avantages prévus par la convention conclue entre les États R et S, le paragraphe 7 ne s'appliquerait pas à ces transactions.

- *Exemple I : RCO, entreprise résidente de l'État R, est un organisme de gestion collective qui octroie des licences pour le compte de détenteurs de droits d'auteur et de droits voisins au titre de spectacles musicaux en public ou de leur diffusion à la radio, à la télévision ou sur l'Internet. SCO, entreprise résidente de l'État S, mène des activités similaires dans l'État S. Les artistes et détenteurs de droits d'auteur de divers pays font de RCO ou SCO leur agent pour octroyer des licences et recevoir des redevances au titre des droits d'auteur et des droits voisins qu'ils détiennent; RCO et SCO distribuent à chaque détenteur le montant des redevances qu'ils perçoivent pour le compte de ce détenteur, minoré d'une commission (le plus souvent, le montant versé à chaque détenteur est relativement faible). RCO a conclu un accord avec SCO qui prévoit que SCO octroie des licences aux utilisateurs dans l'État S et verse des redevances à RCO au titre des droits gérés par RCO; RCO fait de même dans l'État R au titre des droits que SCO gère. SCO a convenu avec l'administration fiscale de l'État S qu'il traitera la retenue d'impôt sur les redevances au titre des paiements qu'il effectue au profit de RCO, sur la base des conventions applicables entre l'État S et l'État de résidence de chaque détenteur de droits représenté par RCO, à partir des informations communiquées par RCO, car ces détenteurs de droits sont les bénéficiaires effectifs des redevances payées par SCO à RCO.*

Dans cet exemple, il est clair que les accords passés entre les détenteurs de droits et RCO et SCO, ainsi qu'entre SCO et RCO, ont été mis en place en vue d'assurer une gestion efficiente de l'octroi de licences et du recouvrement de redevances concernant un grand nombre de transactions d'un faible montant. Bien que l'un des objectifs de ces accords puisse être de garantir que la retenue d'impôt soit prélevée au taux prévu par la convention sans que chaque détenteur de droits ait à demander un remboursement sur les paiements d'un faible montant, ce qui serait fastidieux et onéreux, il ne fait pas de doute que cet objectif, qui contribue à promouvoir une application correcte et efficace des conventions fiscales, serait conforme à l'objet et au but des dispositions pertinentes des conventions applicables.

- *Exemple J : RCO est une société résidente de l'État R. Elle a remporté un appel d'offres relatif à la construction d'une centrale électrique pour SCO, entreprise indépendante résidente de l'État S. Le chantier de construction devrait durer 22 mois. Lors de la négociation du contrat, le projet est divisé sous la forme de deux contrats, couvrant chacun 11 mois. Le premier contrat est conclu avec RCO, le second avec SUBCO, filiale intégralement détenue par RCO et résidente de l'État R qui a été récemment créée. À la demande de SCO, qui voulait s'assurer que RCO serait contractuellement responsable de la bonne exécution des deux contrats, les accords contractuels prévoient que RCO est conjointement et solidairement responsable avec SUBCO de l'accomplissement des obligations contractuelles incombant à SUBCO au titre du contrat liant SUBCO et SCO.*

  Dans cet exemple, en l'absence d'autres faits et circonstances attestant le contraire, il serait raisonnable de conclure que l'un des objets principaux de la conclusion d'un contrat distinct en vertu duquel SUBCO s'engage à mener à bien une partie du projet de construction est l'obtention par RCO et SUBCO de l'avantage prévu par la règle figurant au paragraphe 3 de l'article 5 de la Convention bilatérale conclue entre l'État R et l'État S. Dans ces circonstances, l'octroi de l'avantage prévu par cette règle serait contraire à l'objet et au but des dispositions de ce paragraphe, puisqu'il ôterait tout son sens au délai qui y est visé.

15. Dans plusieurs de pays, l'application de la règle anti-abus de portée générale figurant dans le droit interne est soumise à un processus d'approbation. Dans certains cas, ce processus prévoit que les différends relatifs à ces dispositions sont examinés en interne par de hauts responsables de l'administration. Dans d'autres cas, le processus autorise des comités consultatifs à donner à l'administration leur avis sur l'application de la règle. Ces processus d'approbation reflètent l'importance des différends dans ce domaine et favorisent une cohérence

globale dans l'application de la règle. Les États voudront peut-être mettre en place un processus administratif analogue pour faire en sorte que le paragraphe 7 n'est appliqué qu'après approbation à haut niveau au sein de l'administration.

16. De même, certains États estiment que lorsqu'un avantage d'une convention est refusé à une personne en vertu du paragraphe 7, l'autorité compétente de l'État contractant qui aurait normalement accordé cet avantage devrait avoir la possibilité de considérer que cette personne peut prétendre à cet avantage ou à d'autres avantages au titre de l'élément de revenu ou de capital concerné si ces avantages lui auraient été octroyés en l'absence de la transaction ou du montage qui a déclenché l'application du paragraphe 7. Pour cela, ces États sont libres d'inclure le paragraphe supplémentaire suivant dans leurs conventions bilatérales :

> ***8. Lorsqu'un avantage prévu par cette Convention est refusé à une personne en vertu du paragraphe 7, l'autorité compétente de l'État contractant qui aurait normalement accordé cet avantage doit néanmoins traiter cette personne comme ayant droit à cet avantage, ou à d'autres avantages au titre d'un élément de revenu ou de capital spécifique, si cette autorité compétente, à la demande de cette personne et après examen des faits et circonstances propres au cas, conclut que ces avantages auraient été octroyés à cette personne en l'absence de la transaction ou du montage mentionné au paragraphe 7. L'autorité compétente de l'État contractant à laquelle la demande a été adressée consulte l'autorité compétente de l'autre État avant de rejeter une demande présentée par un résident de cet autre État en vertu du présent paragraphe.***

17. Aux fins de cette disposition alternative, il incombe à l'autorité compétente à laquelle la demande est adressée de déterminer si les avantages auraient été octroyés en l'absence de la transaction ou du montage mentionné au paragraphe 7 et de déterminer la nature des avantages à octroyer. La disposition alternative accorde à l'autorité compétente une grande latitude dans ce domaine. Elle est toutefois tenue de prendre en compte, avant de prendre une décision, les faits et circonstances propres à chaque cas et de se concerter avec l'autorité compétente de l'autre État contractant avant de rejeter une demande visant à bénéficier d'avantages lorsque demande est formulée par un résident de cet autre État. La première exigence a pour but de veiller à ce que l'autorité compétente examine chaque demande pour ce qu'elle est, tandis que l'exigence relative à la consultation de l'autorité compétente de l'autre État contractant si la demande est adressée par un résident de cet autre État a pour but de faire en sorte que les États contractants traitent des cas similaires de manière cohérente et puissent justifier leur décision en se fondant sur les faits et circonstances propres à chaque cas. Cela étant, ce processus de consultation ne requiert pas que l'autorité compétente à laquelle la demande a été présentée obtienne l'accord de l'autorité compétente qui est consultée.

18. L'exemple suivant illustre l'application de cette disposition alternative. Supposons qu'une personne physique qui est résidente de l'État R et qui détient des actions dans une société résidente de l'État S cède le droit de percevoir des dividendes déclarés par cette société à une autre société résidente de l'État R qui détient plus de 10 pour cent du capital de la société qui paie ces dividendes, dans le but principal de bénéficier du taux réduit d'imposition à la source prévu par

l'alinéa a) du paragraphe 2 de l'article 10. Dans ce cas, s'il s'avère que l'avantage de cet alinéa doit être refusé en application du paragraphe 7, la disposition alternative autoriserait l'autorité compétente de l'État S à accorder l'avantage du taux réduit d'imposition prévu par l'alinéa b) du paragraphe 2 de l'article 10 si cette autorité compétente détermine que cet avantage aurait été octroyé en l'absence de la cession à une autre société du droit de percevoir des dividendes.

19. Pour diverses raisons, certains États peuvent ne pas être en mesure d'accepter la règle mentionnée au paragraphe 7. Pour traiter efficacement toutes les formes de chalandage fiscal, ces États devront néanmoins compléter la règle de la limitation des avantages visée aux paragraphes 1 à 6 par des règles qui cibleront les stratégies de chalandage fiscal ayant recours à du financement par intermédiaire qui ne seraient pas neutralisées par ces paragraphes. Ces règles appréhenderaient ces mécanismes de financement par intermédiaire en refusant les avantages conférés par les dispositions de la Convention ou par certaines d'entre elles (par exemple, celles des articles 7, 10, 11, 12 et 21), au titre d'un revenu obtenu grâce à l'utilisation, ou dans le cadre de l'utilisation, d'un montage de financement par intermédiaire. Elles pourraient également prendre la forme de règles législatives et jurisprudentielles anti-abus de droit interne aboutissant à un résultat similaire. Voici des exemples de mécanismes de financement par intermédiaire que ces règles devraient cibler, et des exemples de transactions qui ne devraient pas être considérées comme du financement par intermédiaire à cette fin :

- *Exemple A : RCO, société cotée en bourse résidente de l'État R, détient toutes les actions de SCO, société résidente de l'État S. TCO, société résidente de l'État T qui n'a pas conclu de convention fiscale avec l'État S, souhaite acquérir une participation minoritaire dans SCO, mais estime que la retenue d'impôt sur les dividendes prélevée par l'État S rendrait l'investissement non rentable. Aussi, RCO propose que SCO émette en sa faveur des actions privilégiées procurant un rendement fixe de 4 pour cent, plus un rendement conditionnel de 20 pour cent des bénéfices nets de SCO. L'échéance des actions privilégiées est de 20 ans. TCO conclura un contrat distinct avec RCO aux termes duquel elle lui versera un montant équivalent au prix d'émission des actions privilégiées, et recevra de RCO au bout de 20 ans le prix de rachat des actions. Pendant 20 ans, RCO paiera à TCO un montant égal à 3.75 pour cent du prix d'émission, plus 20 pour cent des bénéfices nets de SCO.*

  Ce dispositif constitue un mécanisme de financement par intermédiaire qui doit être ciblé par les règles mentionnées ci-dessus, parce que l'un des principaux objectifs poursuivis par RCO en participant à la transaction était d'obtenir une réduction de la retenue d'impôt pour TCO.

- *Exemple B : SCO, entreprise résidente de l'État S, a émis une seule catégorie d'actions détenues en totalité par RCO, entreprise résidente de l'État R. RCO a également une seule catégorie d'actions en circulation, détenues en totalité par TCO, entreprise résidente de l'État T, qui n'a pas conclu de convention fiscale avec l'État S. RCO fabrique des composants électroniques et SCO est le distributeur exclusif de RCO dans l'État S. En vertu du paragraphe 3 de la règle de la limitation des avantages, RCO pourra prétendre aux avantages au titre des dividendes reçus de SCO même si les actions de RCO sont détenues par un résident d'un pays tiers.*

Cet exemple porte sur une structure commerciale normale dans laquelle RCO et SCO exercent des activités économiques réelles dans les États R et S. Le paiement de dividendes par des filiales telles que SCO constitue une transaction commerciale normale. En l'absence d'éléments démontrant que l'un des objets principaux de la création de cette structure était le transfert de dividendes de SCO à TCO, cette structure ne constituerait pas un mécanisme de financement par intermédiaire.

- *Exemple C : TCO, entreprise résidente de l'État T qui n'a pas conclu de convention fiscale avec l'État S, prête 1 000 000 à SCO, entreprise résidente de l'État S qui est une filiale en propriété exclusive de TCO, en contrepartie d'un billet à ordre émis par SCO. TCO se rend alors compte qu'elle peut éviter la retenue d'impôt sur les intérêts prélevée par l'État S en cédant le billet à ordre à sa filiale en propriété exclusive RCO, résidente de l'État R (la convention entre les États R et S n'autorise pas l'imposition à la source des intérêts dans certaines circonstances). En conséquence, TCO cède le billet à ordre à RCO en contrepartie d'un billet émis par RCO à TCO. Le billet émis par SCO produit 7 pour cent d'intérêts et celui émis par RCO produit 6 pour cent d'intérêts.*

  La transaction par laquelle RCO a acquis le billet à ordre émis par SCO constitue un mécanisme de financement par intermédiaire parce qu'elle a été structurée en vue de supprimer la retenue d'impôt que TCO aurait dû acquitter à l'État S.

- *Exemple D : TCO, entreprise résidente de l'État T qui n'a pas conclu de convention fiscale avec l'État S, détient la totalité des actions de SCO, entreprise résidente de l'État S. TCO effectue depuis longtemps toutes ses opérations bancaires avec RCO, banque résidente de l'État R qui n'est pas liée à TCO et à SCO, le système bancaire dans l'État T étant relativement rudimentaire. Par conséquent, TCO conserve d'importantes liquidités auprès de RCO. Lorsque SCO a besoin d'un prêt pour financer une acquisition, TCO lui suggère de traiter avec RCO, qui connaît déjà les activités exercées par TCO et SCO. SCO négocie le prêt avec plusieurs banques différentes, qui appliquent toutes des conditions comparables à celles proposées par RCO, mais choisit en définitive de conclure le prêt avec RCO, en partie parce que les intérêts payés à RCO ne seraient pas soumis à la retenue d'impôt dans l'État S en vertu de la convention liant les États S et R, tandis que les intérêts payés aux banques résidentes de l'État S y seraient soumis.*

  Le fait que les avantages de la convention conclue entre l'État R et l'État S soient octroyés si SCO emprunte auprès de RCO, et ne le seraient peut-être pas si SCO emprunte ailleurs, est clairement un facteur qui joue dans la décision de SCO (qui peut être influencée par les conseils que lui donne TCO, son actionnaire exclusif). C'est peut-être même un facteur déterminant car, toutes choses égales par ailleurs, l'octroi des avantages prévus par la convention peut faire pencher la balance en faveur de l'emprunt auprès de RCO plutôt que d'une autre banque. Toutefois, pour déterminer si l'octroi des avantages de la convention était l'un des principaux objets de la transaction, il convient d'examiner les faits et circonstances propres au cas. Dans la situation ci-dessus, RCO n'est pas liée à TCO et à SCO, et rien n'indique que les intérêts payés par SCO sont transférés à TCO d'une manière ou d'une autre. Le fait que TCO conserve depuis longtemps d'importantes liquidités auprès de RCO est également un facteur qui indique que le prêt à SCO n'a pas pour contrepartie un dépôt de garantie de TCO. Sur la base des faits présentés, la transaction ne constituerait donc probablement pas un mécanisme de financement par intermédiaire.

Néanmoins, si la décision de RCO de prêter à SCO était conditionnée à la constitution d'un dépôt de garantie par TCO destiné à sécuriser le prêt, de sorte que RCO n'aurait pas conclu la transaction à des conditions globalement identiques en l'absence de ce dépôt, les faits indiqueraient que TCO prête indirectement à SCO en faisant transiter le prêt par une banque de l'État R, et dans ce cas, la transaction constituerait un mécanisme de financement par intermédiaire.

- *Exemple E : RCO, société cotée en bourse résidente de l'État R, est la société holding d'un groupe manufacturier qui exerce ses activités dans un secteur technologique hautement concurrentiel. Le groupe manufacturier mène des recherches par le biais de filiales dans le monde entier. Tous les brevets développés par une filiale sont concédés en licence par cette filiale à RCO, qui accorde des licences d'exploitation de la technologie à ses filiales qui en ont besoin. RCO ne conserve qu'une faible marge au titre des redevances qu'elle perçoit, et l'essentiel de ses bénéfices reviennent à la filiale qui a assumé le risque lié au développement de la technologie. TCO, entreprise située dans un État avec lequel l'État S n'a pas conclu de convention fiscale, a inventé un processus qui permettra d'augmenter considérablement la rentabilité de l'ensemble des filiales de RCO, y compris de SCO, entreprise résidente de l'État S. Conformément à sa pratique habituelle, RCO concède une licence sur sa technologie et octroie des sous-licences à ses filiales. SCO paie une redevance à RCO, reversée en quasi-totalité à TCO.*

  Dans cet exemple, rien n'indique que RCO concède des licences dans le but de réduire la retenue d'impôt payable dans l'État S. Étant donné que RCO se conforme à l'organisation et au comportement commercial normal du groupe dans la manière dont elle structure ses activités de licence et de sous-licence, et à supposer que la même structure est employée pour d'autres filiales exerçant des activités similaires dans des pays qui ont conclu des conventions qui prévoient des avantages similaires ou plus favorables, le dispositif liant SCO, RCO et TCO ne constitue pas un mécanisme de financement par intermédiaire.

- ***Exemple F : TCO est une société cotée en bourse résidente de l'État T, qui n'a pas conclu de convention fiscale avec l'État S. TCO est la société mère d'un groupe mondial d'entreprises auquel appartiennent RCO, entreprise résidente de l'État R, et SCO, entreprise résidente de l'État S. SCO exerce activement une activité commerciale ou d'entreprise dans l'État S. RCO est chargée de coordonner le financement de toutes les filiales de TCO. RCO exploite un système centralisé de gestion de trésorerie pour TCO et ses filiales, dans lequel elle comptabilise toutes les sommes à verser et à recevoir inter-entreprises. RCO est chargée de gérer les décaissements et les encaissements de liquidités nécessaires pour couvrir les transactions entre ses filiales et des parties non liées. RCO souscrit des contrats de taux d'intérêt et de change dans la mesure où cela est nécessaire pour couvrir les risques induits par les décalages entre les flux de trésorerie entrants et sortants. Les activités de RCO ont pour objectif (et on peut raisonnablement s'attendre à ce qu'elles aient pour effet) de réduire les coûts de transaction, les frais généraux et autres coûts fixes. RCO emploie 50 personnes, y compris des employés de bureau et autres agents administratifs, situés dans l'État R; ces effectifs reflètent la taille des activités d'entreprise de RCO. TCO prête à RCO 15 millions libellés dans la monnaie A (d'une valeur de 10 millions en monnaie B) en contrepartie d'un billet à ordre sur 10 ans qui génère une rémunération annuelle de 5 pour cent. Le même jour, RCO prête 10 millions en monnaie B à SCO en contrepartie d'un billet à ordre sur 10 ans qui génère une rémunération annuelle de 5 pour cent. RCO ne s'engage pas dans une transaction de couverture à long terme au titre de ces opérations de financement, mais gère le risque de taux et le risque de change induit par les transactions sur une base quotidienne, hebdomadaire ou trimestrielle en concluant des contrats de change à terme.***

  Dans cet exemple, RCO semble exercer des activités d'entreprise réelles qui font intervenir des fonctions économiques substantielles, des actifs réels et des risques réels; elle accomplit également d'importantes activités au titre des transactions avec TCO et SCO qui semblent être caractéristiques de sa gestion de trésorerie normale. RCO supporte également le risque de taux et le risque de change. Au regard des faits et en l'absence d'autres faits tendant à démontrer que l'un des objets principaux de ces prêts est d'éviter la retenue d'impôt dans l'État S, le prêt accordé par TCO à RCO et le prêt de RCO à SCO ne constituent pas un mécanisme de financement par intermédiaire.

b) Autres situations dans lesquelles une personne cherche à contourner les limitations d'une convention

27. Outre qu'elle doit être résidente d'un État contractant, une personne doit satisfaire à d'autres conditions pour avoir droit aux avantages prévus par certaines dispositions de conventions fiscales. Dans certains cas, il arrive que des transactions soient conclues dans le seul but de remplir ces conditions alors qu'il serait inapproprié d'accorder les avantages en question. La règle générale anti-abus énoncée au sous-alinéa A.1*(a)(ii)* précédent sera certes utile pour faire face à ce type de situations, mais, en principe, l'adoption de règles anti-abus spécifiques et ciblées figurant dans les conventions offre une plus grande certitude

tant aux contribuables qu'aux administrations fiscales. De telles règles apparaissent déjà dans certains articles du Modèle de Convention fiscale (voir, par exemple, les articles 13(4) et 17(2)). De plus, il est suggéré dans les Commentaires d'inclure d'autres dispositions anti-abus dans certaines circonstances (voir, par exemple, les paragraphes 16 et 17 des Commentaires sur l'article 10). On trouve également d'autres dispositions anti-abus dans des conventions bilatérales conclues par des pays de l'OCDE et des pays non membres de l'OCDE.

28. Les paragraphes qui suivent incluent des exemples de situations pour lesquelles des règles anti-abus spécifiques figurant dans une convention peuvent être utiles et contiennent des propositions de modification destinées à viser certaines de ces situations.

i) Fractionnement de contrats

29. On peut lire au paragraphe 18 des Commentaires sur l'article 5 que « [l]e seuil de douze mois [de l'article 5(3)] a pu donner lieu à des abus ; ainsi, il a parfois été constaté que des entreprises (principalement des entrepreneurs ou des sous-traitants travaillant sur le plateau continental ou en liaison avec l'exploration et l'exploitation du plateau continental) fractionnaient leurs contrats en plusieurs éléments dont chacun portait sur une durée inférieure à douze mois et était attribué à une société différente mais faisant partie du même groupe. »

30. L'ajout au Modèle de l'OCDE de la règle COP incluse dans ce rapport contribuera à empêcher ce type d'abus, comme l'indique l'exemple J dans les Commentaires sur cette règle. En outre, le rapport sur l'action 7 (*Empêcher les mesures visant à éviter artificiellement le statut d'établissement stable*, OCDE, 2016 »)[12] propose d'apporter des modifications aux Commentaires sur l'article 5 qui viseront aussi ces montages.

ii) Cas de location de main-d'œuvre

31. Les cas de location de main-d'œuvre, dans lesquels le contribuable tente d'obtenir de manière inappropriée les avantages de l'exonération de l'imposition à la source prévue à l'article 15(2), sont visés aux paragraphes 8.1 à 8.28 des Commentaires sur l'article 15. La conclusion qui s'est imposée a été que les orientations que l'on trouve déjà dans ces paragraphes et, en particulier, la disposition alternative figurant au paragraphe 8.3 de ces Commentaires, permettent de contrecarrer efficacement ce type d'abus.

iii) Transactions destinées à éviter la qualification de dividendes

32. Dans certains cas, des transactions peuvent être conclues dans le but d'éviter les règles du droit interne en vertu desquelles un certain élément de revenu est qualifié de dividende et de bénéficier d'une qualification conventionnelle de ce revenu (par exemple, comme gain en capital) qui empêche l'imposition à la source.

33. Dans le cadre de ses travaux sur les dispositifs hybrides, le Groupe de travail n° 1 a examiné s'il était possible de modifier les définitions des dividendes et des intérêts figurant dans la Convention, comme cela se fait dans certaines conventions, afin de permettre l'application des règles relatives à la qualification du revenu prévues par le droit interne. Même si la conclusion qui s'est dégagée a été qu'une telle modification aurait un impact très limité sur les dispositifs hybrides, il a été décidé d'examiner plus en détail la possibilité d'aller dans ce sens après l'achèvement des travaux sur le Plan d'action BEPS.

iv) Transactions consistant à transférer des dividendes

34. Lorsqu'une transaction de cette nature est effectuée, un contribuable ayant droit à l'application du taux de 15 pour cent visé à l'article 10(2)b) tente d'obtenir le bénéfice du taux de 5 pour cent applicable aux dividendes payés directement qui sont visés à l'article 10(2)a) ou du taux de 0 pour cent prévu par certaines conventions bilatérales pour les dividendes payés à des fonds de pension (voir le paragraphe 69 des Commentaires sur l'article 18).

35. Les paragraphes 16 et 17 des Commentaires sur l'article 10 concernent des transactions par lesquelles un contribuable tente d'obtenir le bénéfice du taux plus faible de 5 pour cent applicable aux dividendes :

> 16. L'alinéa *a)* du paragraphe 2 n'exige pas que la société bénéficiaire des dividendes ait détenu 25 pour cent au moins du capital pendant une période relativement longue avant la date de la distribution. Il en résulte que, eu égard à la participation, seule compte la situation existant au moment où naît l'assujettissement à l'impôt auquel s'applique le paragraphe 2, c'est-à-dire, dans la plupart des cas, la situation existant au moment où les dividendes sont légalement mis à la disposition des actionnaires. La raison essentielle de ceci doit être recherchée dans le désir d'avoir une disposition qui soit applicable aussi largement que possible. Imposer la nécessité pour la société mère de posséder la participation minimum un certain temps avant la distribution des bénéfices pourrait nécessiter des recherches considérables. La législation interne de certains pays membres de l'OCDE stipule que le bénéfice de l'exemption ou de l'allégement ne sera accordé pour les dividendes correspondant à une participation que si celle-ci a été détenue par la société bénéficiaire durant une certaine période minimale. En conséquence, les États contractants pourront inclure dans leurs conventions une condition de même nature.
>
> 17. La réduction prévue à l'alinéa a) du paragraphe 2 ne devrait pas être accordée en cas d'usage abusif de cette disposition, par exemple lorsqu'une société détenant une participation inférieure à 25 pour cent a, peu de temps avant la mise en paiement des dividendes, acquis un complément de participation essentiellement dans le but de tirer profit de la disposition en question, ou encore lorsque la participation a été composée principalement pour obtenir le bénéfice de la réduction. Afin de parer à de telles manœuvres, les États contractants peuvent juger opportun d'ajouter à l'alinéa a) du paragraphe 2 une disposition de cet ordre :
>
> > à condition que la participation n'ait pas été acquise essentiellement pour tirer avantage de la présente disposition.

36. La conclusion qui s'est dégagée a été que, pour viser ce type de transactions, il conviendrait de prévoir une durée minimale de détention des actions qui figurerait à l'alinéa *a)* de l'article 10(2), lequel devrait dès lors être modifié comme suit :

> ***a) 5 pour cent du montant brut des dividendes si le bénéficiaire effectif est une société (autre qu'une société de personnes) qui détient directement au moins 25 pour cent du capital de la société qui paie les dividendes tout au long d'une période de 365 jours incluant le jour du paiement des dividendes (il n'est pas tenu compte, aux fins du calcul de cette période, des changements de détention qui résulteraient directement d'une réorganisation, telle qu'une fusion ou une scission de société) ;***

37. La réflexion a également amené à conclure qu'il conviendrait d'ajouter des règles anti-abus supplémentaires à l'article 10 en vue de viser les cas dans lesquels certaines

entités intermédiaires établies dans l'État de la source sont utilisées pour bénéficier des dispositions des conventions réduisant l'imposition à la source des dividendes.

38. Le paragraphe 67.4 des Commentaires sur l'article 10 comprend par exemple une autre disposition qui peut être ajoutée pour empêcher l'application

- du taux de 5 pour cent à des dividendes payés par une société de placement immobilier résidente à un investisseur de portefeuille non résident, et
- à la fois du taux de 5 pour cent et du taux de 15 pour cent dans le cas de dividendes payés par une société de placement immobilier résidente à un investisseur non résident détenant, directement ou indirectement, plus de 10 pour cent du capital de ladite société.

39. Un autre exemple, que l'on trouve dans les conventions conclues par les États-Unis, est une disposition écartant l'application du taux de 5 pour cent dans le cas de dividendes versés à une société non résidente par une société de placements réglementée des États-Unis, même si cette société non résidente détient plus de 10 pour cent des actions de la société de placements réglementée.

40. Au vu de ces exemples, lorsque le droit interne d'un État contractant offre la possibilité d'effectuer des investissements de portefeuille dans des actions de sociétés de cet État par l'intermédiaire de certains organismes de placements collectifs qui sont établis dans cet État et qui ne paient pas d'impôt sur le revenu de leurs placements, de sorte qu'un investisseur non résident investissant via un tel organisme est en mesure de bénéficier du taux inférieur applicable aux dividendes en vertu de la convention lorsque lesdits dividendes sont distribués par l'organisme de placement collectif, il est recommandé qu'une règle spécifique anti-abus figure à l'article 10. Cette règle pourrait être formulée comme suit :

> L'alinéa 2 *a*) ne s'applique pas aux dividendes payés par un résident de [*nom de l'État*] qui est un [*description du type d'organisme de placement collectif auquel cette règle doit s'appliquer*]

v) Transactions visant à contourner l'application de l'article 13(4)

41. L'article 13(4) autorise l'État contractant dans lequel est situé un bien immobilier à imposer les gains en capital réalisés par un résident de l'autre État sur les actions de sociétés qui tirent plus de 50 pour cent de leur valeur de ces biens immobiliers.

42. Le paragraphe 28.5 des Commentaires sur l'article 13 prévoit déjà que les États peuvent souhaiter élargir le champ d'application de la disposition afin que la clause s'applique non seulement aux gains réalisés sur des actions, mais aussi à ceux qui résultent de l'aliénation de participations dans d'autres entités, notamment des sociétés de personnes ou des fiducies (trusts), de façon à contrecarrer cette forme d'abus. Il a été convenu que l'article 13(4) devait être révisé afin d'y faire figurer cette modification.

43. Il pourrait toutefois également arriver que des actifs soient apportés à une entité peu avant la vente des actions ou autres participations dans celle-ci en vue de diluer la part de la valeur de ces actions ou autres participations qui provient de biens immobiliers situés dans un des États contractants. Il a été convenu, pour faire face à ce cas de figure, que l'article 13(4) devait être modifié afin de faire référence à des situations dans lesquelles la valeur des actions ou des participations similaires résulte principalement de biens immobiliers à tout moment au cours d'une période donnée, et non uniquement au moment de l'aliénation.

44. La version révisée suivante du paragraphe 4 de l'article 13 intègre ces modifications :

> 4. Les gains qu'un résident d'un État contractant tire de l'aliénation d'actions ***ou de droits ou participations similaires, tels que des droits ou participations dans une société de personnes ou une fiducie (ou un trust), sont imposables dans l'autre État contractant si, à tout moment au cours des 365 jours qui précèdent l'aliénation, ces actions, droits ou participations similaires*** ~~qui~~ tirent directement ou indirectement plus de 50 pour cent de leur valeur de biens immobiliers***, tels que définis à l'article 6,*** situés dans ***cet*** ~~l'~~***autre*** État ~~contractant sont imposables dans cet autre État~~.

vi) Critère de départage appliqué pour déterminer la résidence en vertu d'une convention de personnes, autres que les personnes physiques, ayant une double résidence

45. Une des limitations essentielles du droit aux avantages conférés par la Convention est l'obligation pour une personne d'être résidente d'un État contractant aux fins de la convention fiscale applicable. En vertu de l'article 4(1) du Modèle de Convention fiscale de l'OCDE, la résidence d'une personne au regard de la Convention dépend dans une large mesure de la législation fiscale nationale de chaque État contractant, ce qui peut entraîner comme résultat qu'une personne est résidente des deux États. En pareil cas, l'article 4(2) prévoit un lieu de résidence unique aux fins de la Convention dans le cas des personnes physiques. L'article 4(3), qui vise le même résultat pour les personnes autres que les personnes physiques, prévoit que toute personne ayant une double résidence « est considérée comme un résident seulement de l'État où son siège de direction effective est situé ».

46. Lorsque cette règle a été incluse à l'origine dans le Projet de Convention de 1963, le Comité fiscales de l'OCDE a estimé que, « [d]ans la pratique, il sera assez rare qu'une société, etc., soit assujettie à l'impôt, en raison de sa résidence, dans plus d'un État » [13] mais que, comme le cas pourra se présenter, il faudra également établir « des règles concernant la préférence ».

47. La mise à jour 2008 du Modèle de Convention fiscale de l'OCDE a introduit une version optionnelle de l'article 4(3) (voir les paragraphes 24 et 24.1 des Commentaires sur l'article 4) selon laquelle les autorités compétentes des États contractants s'efforcent, compte tenu d'un certain nombre de facteurs pertinents, de déterminer d'un commun accord l'État dont la personne est un résident aux fins de la Convention. Lorsque cette disposition optionnelle a été examinée, beaucoup de pays ont estimé que les cas dans lesquels une société a la double résidence recouvrent souvent des mécanismes d'évasion fiscale. Pour cette raison, la règle actuelle énoncée à l'article 4(3) devrait être remplacée par la disposition optionnelle que l'on trouve dans les Commentaires, version qui autorise un traitement au cas par cas.

48. Les modifications suivantes seront apportées au Modèle de Convention fiscale de l'OCDE afin de mettre en œuvre cette décision (ces modifications tiennent compte de changements apportés aux Commentaires figurant dans la première version de ce rapport diffusée en septembre 2014) :

Remplacer le paragraphe 3 de l'article 4 du Modèle de Convention fiscale par le texte suivant :

> 3. Lorsque, en vertu des dispositions du paragraphe 1, une personne autre qu'une personne physique est un résident des deux États contractants, ~~elle est réputée être un résident seulement de l'État où son siège de direction effective est situé.~~ ***les autorités compétentes des États contractants s'efforcent de déterminer d'un commun accord l'État duquel cette personne est réputée être un résident aux fins de la Convention, eu égard au lieu où se situe son siège de direction effective, au lieu où elle a été constituée en société ou en toute autre forme juridique et à tout autre facteur pertinent. En l'absence d'un tel accord entre les États contractants, la personne ne pourra prétendre à aucun des allègements ou exonérations prévus par la Convention sauf dans la mesure et selon les conditions convenues par les autorités compétentes des États contractants.***

Remplacer les paragraphes 21 à 24.1 des Commentaires sur l'article 4 par le texte suivant :

> 21. Le paragraphe concerne les sociétés et tous autres groupements de personnes sans qu'il y ait lieu de tenir compte du fait qu'ils ont ou qu'ils n'ont pas la personnalité juridique. Dans la pratique, il sera assez rare qu'une société, etc., soit assujettie à l'impôt, en raison de sa résidence, dans plus d'un État mais le cas pourra évidemment se présenter si un État se base sur le lieu d'enregistrement et l'autre sur le lieu où se trouve la direction effective. En conséquence, il faut également établir pour les sociétés, etc., des règles concernant la préférence.
>
> 22. ***Lors de la rédaction initiale du paragraphe 3, il a été estimé que*** ~~C~~ce ne serait pas une solution adéquate que d'attacher de l'importance à un critère de pure forme comme l'enregistrement~~.~~ ***et la préférence a été donnée à une règle basée sur l'endroit où était situé le siège de direction effective, l'intention étant que celui-ci soit basé sur*** ~~Le paragraphe 3 attache dès lors de l'importance au~~ le lieu où la société, etc. ***était*** ~~est~~ effectivement dirigée.
>
> 23. ~~Le libellé du critère de préférence pour les personnes autres que les personnes physiques a été examiné en particulier à propos de l'imposition des revenus provenant de la navigation maritime, intérieure et aérienne. Plusieurs conventions, pour éviter la double imposition de ces revenus, réservent le droit d'imposer à l'État où se trouve le « siège de direction » de l'entreprise ; d'autres prennent en considération le « siège de direction effective » ou encore le « domicile fiscal de l'exploitant ».~~ ***En [2014], toutefois, le Comité des affaires fiscales a reconnu que, bien que les situations de double résidence d'entités autres que des personnes physiques soient relativement rares, des sociétés ayant la double résidence étaient impliquées dans un certain nombre de cas d'évasion fiscale. La conclusion s'est alors imposée qu'il serait préférable de régler au cas par cas le problème de la double résidence des entités autres que les personnes physiques.***
>
> 24. Eu égard à ces considérations, ***la version actuelle du paragraphe 3 prévoit que les autorités compétentes des États contractants s'efforcent de résoudre d'un commun accord les cas de double résidence d'une personne autre qu'une personne physique***. ~~le « siège de direction effective » a été adopté comme critère de préférence pour les personnes autres que les personnes physiques. Le siège de direction effective est le lieu où sont prises, quant au fond, les décisions clés sur le plan de la gestion et sur le plan commercial qui sont nécessaires pour la conduite~~

~~des activités de l'entité dans son ensemble. Tous les faits et circonstances pertinents doivent être pris en compte pour déterminer le siège de direction effective. Une entité peut avoir plus d'un siège de direction, mais elle ne peut avoir qu'un seul siège de direction effective.~~

24.1 ~~Certains pays estiment cependant que les cas de double résidence pour les personnes qui ne sont pas des personnes physiques sont relativement rares et doivent être traités au cas par cas. Certains pays considèrent en outre que l'adoption d'une approche au cas par cas est la meilleure formule pour résoudre les difficultés qui surgissent, du fait de l'utilisation des nouvelles technologies de communication, lorsqu'il s'agit de déterminer le siège de direction effective d'une personne morale. Ces pays sont libres de laisser les autorités compétentes trancher la question de la résidence de ces personnes, sous réserve que le paragraphe soit remplacé par ce qui suit :~~

> ~~3. Lorsque, en vertu des dispositions du paragraphe 1, une personne autre qu'une personne physique est un résident des deux États contractants, les autorités compétentes des États contractants s'efforcent de déterminer d'un commun accord l'État duquel cette personne est réputée être un résident aux fins de la Convention, eu égard au lieu où se situe son siège de direction effective, au lieu où elle a été constituée en société ou en toute autre forme juridique et à tout autre facteur pertinent. En l'absence d'un tel accord entre les États contractants, la personne ne pourra prétendre à aucun des allègements ou exonérations prévus par la Convention sauf dans la mesure et selon les conditions convenues par les autorités compétentes des États contractants.~~

Les autorités compétentes chargées d'appliquer ***le paragraphe 3*** ~~ces dispositions pour déterminer la résidence d'une personne morale aux fins de la Convention~~ prendront en considération divers facteurs tels que le lieu où les réunions ~~de son~~ ***du*** conseil d'administration ***de la personne*** ou de tout autre organe équivalent se tiennent généralement, le lieu où le directeur général et les autres dirigeants exercent généralement leur activité, le lieu où s'exerce la gestion supérieure des affaires courantes de la personne, le lieu où se situe le siège de la personne morale, l'État dont la législation régit le statut juridique de la personne morale, le lieu où sa comptabilité est tenue, la réponse à la question de savoir si le fait que l'on détermine que la personne morale est un résident de l'un des États contractants, mais pas de l'autre aux fins de la Convention, fait naître un risque d'application indue des dispositions de la Convention, etc. Les pays qui considèrent que les autorités compétentes ne devraient pas se voir investies du pouvoir de se prononcer sur de tels cas de double résidence sans disposer d'indications sur les facteurs à prendre en compte pour statuer souhaiteront peut-être compléter cette disposition afin de faire référence aux facteurs susmentionnés ou à d'autres jugés pertinents. [*la phrase suivante a été déplacée dans un nouveau paragraphe 24.2 ; la dernière phrase du paragraphe a été déplacée dans un nouveau paragraphe 24.3*]

24.2 ~~Par ailleurs, sachant que~~ ***Une décision au titre du paragraphe 3*** ~~l'application de cette disposition serait~~ ***sera*** normalement revendiquée par l'entité intéressée en vertu du mécanisme prévu au paragraphe 1 de l'article 25~~, cette dernière.~~ ***Cette*** demande ***peut être formulée dès qu'il est probable que la personne sera considérée comme résidente de chacun des États contractants au titre du paragraphe 1. En raison de l'obligation de notification prévue par le paragraphe 1 de l'article 25, elle*** doit être adressée ***en tout état de cause*** dans les trois ans suivant la première notification à cette personne ***de mesures d'imposition prises par un État ou***

les deux, indiquant que les allégements ou exemptions ont été refusés à cette personne en raison de son statut de double résidence, sans que les autorités compétentes aient pris la peine au préalable de déterminer un État de résidence unique selon le paragraphe 3. Les autorités compétentes auxquelles est adressée une demande de détermination de résidence en vertu du paragraphe 3 doivent la traiter rapidement et transmettre leur réponse au contribuable le plus tôt possible.

24.3 Parce que les éléments sur lesquels la décision sera fondée peuvent évoluer avec le temps, les autorités compétentes statuant en vertu des dispositions de cet article devraient préciser à quelle période se rapporte leur décision.

24.4 La dernière phrase du paragraphe 3 dispose qu'en l'absence d'un accord entre les autorités compétentes, la personne ayant une double résidence ne pourra prétendre à aucun des allègements ou exonérations prévus par la Convention sauf dans la mesure et selon les conditions convenues par les autorités compétentes. Toutefois, cela n'empêchera pas que le contribuable soit considéré comme résident de chacun des États contractants à des fins autres que l'octroi des allègements ou exonérations prévus par la Convention à cette personne. Cela signifie, par exemple, que la condition prévue à l'alinéa b) du paragraphe 2 de l'article 15 ne sera pas satisfaite s'agissant d'un salarié de cette personne qui est résident de l'un des États contractants et qui exerce un emploi dans l'autre État. De même, si une personne est une société, elle sera considérée comme résidente de chacun des États aux fins de l'application de l'article 10 aux dividendes qu'elle versera.

24.5 Certains États estiment cependant qu'il est préférable de traiter les cas de double résidence des personnes autres que les personnes physiques en appliquant la règle fondée sur le « siège de direction effective » qui était incluse dans la Convention avant [prochaine mise à jour]. Ces États considèrent en outre que cette règle peut être interprétée d'une manière permettant de prévenir les abus. Les États qui partagent ce point de vue et s'accordent sur la manière dont la notion de « siège de direction effective » doit être interprétée sont libres de faire figurer dans leurs conventions bilatérales la version suivante du paragraphe 3 :

> ***Lorsque, selon les dispositions du paragraphe 1, une personne autre qu'une personne physique est un résident des deux États contractants, elle est considérée comme un résident seulement de l'État où son siège de direction effective est situé.***

vii) Règle anti-abus visant les établissements stables situés dans des États tiers

49. Le paragraphe 32 des Commentaires sur l'article 10, le paragraphe 25 des Commentaires sur l'article 11 et le paragraphe 21 des Commentaires sur l'article 12 concernent les abus potentiels qui peuvent résulter du transfert d'actions, de créances, de droits ou de biens vers des établissements stables établis uniquement à cet effet dans des pays réservant un traitement préférentiel au revenu de ces actifs. Lorsque l'État de résidence exonère, ou impose à des taux faibles, les bénéfices de ces établissements stables situés dans des États tiers, on ne devrait pas considérer que l'État de la source est tenu d'accorder les avantages prévus par la Convention au titre de ces revenus.

50. La dernière partie du paragraphe 71 des Commentaires sur l'article 24 vise cette situation et inclut la suggestions qu'une disposition anti-abus pourrait être ajoutée aux conventions bilatérales en vue de protéger l'État de la source en lui permettant de ne

pas accorder les avantages prévus par une convention lorsque le revenu obtenu par un établissement stable situé dans un État tiers n'est pas imposé normalement dans cet État :

> 71. … Une autre question qui se pose en relation avec les cas triangulaires est celle des abus. Dans les cas où l'État contractant dont l'entreprise est un résident exonère les bénéfices de l'établissement stable situé dans l'autre État contractant, le danger existe que de telles entreprises transfèrent des actifs tels que des actions, des obligations ou des brevets à des établissements stables dans des États qui prévoient un traitement fiscal particulièrement favorable. Par là, il peut arriver dans certaines circonstances que les revenus qui en proviennent ne soient imposés par aucun des trois États en cause. Pour contrer ces montages qui peuvent être considérés comme abusifs, on peut introduire dans la convention entre l'État dont une entreprise est un résident et l'État tiers (État de la source) une disposition prévoyant que l'entreprise ne peut réclamer les avantages de la convention que lorsque les revenus qui sont obtenus par l'établissement stable situé dans l'autre État sont imposés normalement dans cet État.

51. La conclusion qui s'est dégagée est qu'une disposition anti-abus spécifique devait être ajoutée dans le Modèle de Convention fiscale en vue de traiter ces cas ainsi que les cas triangulaires similaires dans lesquels un revenu imputable à l'établissement stable situé dans un État tiers bénéficie d'un faible taux d'imposition.

52. La disposition et les Commentaires correspondants reproduits ci-dessous, qui devaient servir à cet usage, ont été inclus dans la première version de ce rapport diffusée en septembre 2014. Toutefois, des travaux ultérieurs ont révélé que différents aspects de cette disposition devaient être modifiés. Fin mai 2015, les États-Unis ont diffusé une nouvelle version d'une disposition similaire[14] pour commentaires publics d'ici le 15 septembre 2015. Lorsque cette nouvelle version a été étudiée, il a été convenu qu'elle devrait être de nouveau examinée une fois finalisée par les États-Unis à la lumière des commentaires qui auront été reçus. C'est pourquoi la disposition ci-dessous et les Commentaires qui s'y rapportent devront être réexaminés et la version finale de la disposition et de ses Commentaires sera soumise au premier semestre de 2016, ce qui permettra d'en tenir compte lors de la négociation de l'instrument multilatéral qui mettra en application les résultats des travaux relatifs aux aspects conventionnels demandés par le Plan d'action BEPS. Le texte suivant doit donc être considéré comme un projet susceptible d'être modifié :

> [***Lorsque***
>
> ***a)*** ***une entreprise d'un État contractant tire un revenu de l'autre État contractant et que ce revenu est attribuable à un établissement stable de cette entreprise situé dans un État tiers, et***
>
> ***b)*** ***les bénéfices attribuables à cet établissement stable sont exonérés d'impôt dans le premier État mentionné***
>
> ***les avantages fiscaux qui s'appliqueraient par ailleurs en vertu des autres dispositions de la Convention ne s'appliquent pas à tout élément de revenu au titre duquel l'impôt dans le troisième État est inférieur à 60 pour cent de l'impôt qui serait dû dans le premier État mentionné si le revenu était gagné ou perçu par l'entreprise dans cet État et n'était pas attribuable à l'établissement stable situé dans le troisième État. Dans ce cas***
>
> ***c)*** ***tous dividendes, intérêts ou redevances auxquels s'appliquent les dispositions du présent paragraphe restent imposables selon la législation de l'autre État,***

mais l'impôt ainsi établi ne peut excéder [taux à déterminer] pour cent de leur montant brut, et

d) tout autre revenu auquel s'appliquent les dispositions du présent paragraphe reste imposable selon la législation de l'autre État, nonobstant toute autre disposition de la Convention.

Les dispositions précédentes de ce paragraphe ne s'appliquent pas si le revenu tiré de l'autre État est

e) tiré de la conduite active d'une activité d'entreprise menée par l'établissement stable (autre que l'activité consistant à réaliser ou gérer ou simplement détenir des placements pour le propre compte de l'entreprise, à moins qu'il ne s'agisse d'activités bancaires, d'assurance ou d'activités portant sur des valeurs mobilières effectuées respectivement par une banque, une compagnie d'assurance ou un opérateur sur titres agréé), ou en constitue un élément accessoire, ou

f) constitué de redevances perçues en contrepartie de l'usage, ou de la concession de l'usage, des biens incorporels produits ou développés par l'entreprise par l'intermédiaire de l'établissement stable.

Commentaires sur la disposition

1. Comme mentionné au paragraphe 32 des Commentaires sur l'article 10, au paragraphe 25 des Commentaires sur l'article 11 et au paragraphe 21 des Commentaires sur l'article 12, des abus potentiels peuvent résulter du transfert d'actions, de créances, de droits ou de biens vers des établissements stables établis dans ce seul but dans des pays qui n'imposent pas le revenu de ces placements ou réservent un traitement préférentiel au revenu de ces actifs. Lorsque l'État de résidence exonère le revenu de ces établissements stables situés dans des États tiers, on ne devrait pas considérer que l'État de la source est tenu d'accorder les avantages prévus par la Convention au titre de ces revenus. Le paragraphe proposé, qui s'applique lorsqu'un État contractant exonère le revenu de placements d'entreprises de cet État imputable à des établissements stables situés dans un État tiers, prévoit que les avantages de la Convention ne seront pas accordés en pareil cas. Cette règle ne s'applique pas aux bénéfices qui sont tirés de la conduite active d'une activité d'entreprise menée par l'intermédiaire de l'établissement stable, à l'exclusion des activités de placement qui ne sont pas effectuées par une banque, une compagnie d'assurance ou un opérateur sur titres, ou qui en constitue un élément accessoire ; elle ne s'applique pas non plus si le revenu provenant de l'État de la source est constitué de redevances perçues en contrepartie de l'usage, ou de la concession de l'usage, des actifs incorporels produits ou développés par l'entreprise par l'intermédiaire de l'établissement stable.

2. Dans tous les cas où les avantages sont refusés au titre de ce paragraphe, l'entreprise qui tire le revenu en question devrait pouvoir bénéficier de la dérogation à caractère discrétionnaire visée au paragraphe 5 de l'article [X] afin de veiller à ce que les avantages puissent être accordés lorsque la création, l'acquisition ou la conservation de l'établissement stable et la conduite de ses activités n'ont pas parmi leurs objets principaux l'obtention d'avantages au titre de la présente Convention. Ce résultat pourrait être atteint en insérant cette disposition dans l'article [X].

3. Certains États préféreront peut-être une solution plus complète dont la portée ne serait pas limitée aux situations dans lesquelles une entreprise d'un État contractant est exonérée, dans cet État, d'impôt sur les bénéfices imputables à un établissement stable situé dans un État tiers. Dans ce cas, la disposition serait applicable à toute situation où le revenu ayant sa source dans l'un des États contractants qui est imputable à un établissement stable situé dans un État tiers est assujetti à l'impôt à la fois dans l'État de l'entreprise et dans l'État de l'établissement stable à un taux effectif cumulé inférieur au seuil de 60 pour cent. Ce qui suit est un exemple de disposition qui pourrait être utilisée à cette fin :

> *Nonobstant les autres dispositions de la présente Convention, lorsqu'une entreprise d'un État contractant tire des revenus de l'autre État contractant et que ces revenus sont imputables à un établissement stable de cette entreprise situé dans un État tiers, les avantages fiscaux qui seraient applicables par ailleurs en vertu d'autres dispositions de la présente Convention ne s'appliqueront pas à ces revenus si les bénéfices de cet établissement stable sont assujettis à l'impôt dans le premier État contractant et dans l'État tiers à un taux effectif cumulé inférieur à 60 pour cent du taux général de l'impôt sur les sociétés applicable dans le premier État contractant. Tous dividendes, intérêts ou redevances auxquels s'appliquent les dispositions du présent paragraphe restent imposables dans l'autre État contractant à un taux n'excédant pas 15 pour cent de leur montant brut. Tout autre revenu auquel s'appliquent les dispositions du présent paragraphe reste imposable selon la législation de l'autre État contractant, nonobstant toute autre disposition de la présente Convention. Les dispositions du présent paragraphe ne s'appliquent pas si :*
>
> *a) dans le cas de redevances, celles-ci sont perçues en contrepartie de l'usage ou de la concession de l'usage, d'actifs incorporels produits ou développés par l'entreprise par l'intermédiaire de l'établissement stable ; ou*
>
> *b) dans le cas de tout autre revenu, le revenu tiré de l'autre État contractant est lié à la conduite active d'une activité d'entreprise menée dans l'État tiers par l'intermédiaire de l'établissement stable (autre que l'activité consistant à réaliser, à gérer ou simplement détenir des placements pour son propre compte, à moins qu'il ne s'agisse d'activités bancaires, d'assurance ou d'activités portant sur des valeurs mobilières effectuées respectivement par une banque, une compagnie d'assurance ou un opérateur sur titres agréé).*]

2. Cas dans lesquels une personne tente de contourner les dispositions du droit fiscal national en utilisant les avantages prévus par les conventions

53. De nombreux risques d'évasion fiscale qui menacent la base d'imposition ne trouvent pas leur origine dans les conventions fiscales, mais peuvent être renforcés par celles-ci. Dans ces cas, il ne suffit pas de traiter les problèmes liés aux conventions : il faut aussi modifier le droit interne. Les stratégies d'évasion fiscale qui font partie de cette catégorie sont :

- la sous-capitalisation et autres transactions de financement qui utilisent les déductions fiscales pour réduire les coûts d'emprunt ;
- les stratégies de double résidence (par exemple, une société est un résident aux fins du droit fiscal national mais un non-résident aux fins de la Convention) ;

- la manipulation des prix de transfert ;
- les opérations d'arbitrage qui profitent des différences que l'on retrouve dans le droit interne d'un État et qui sont :
  - liées à la qualification du revenu (par exemple, en transformant les bénéfices de l'entreprise en gain en capital) ou des paiements (par exemple, en transformant les dividendes en intérêts) ;
  - liées au traitement des contribuables (par exemple, en transférant un revenu vers des entités exonérées d'impôt ou des entités qui ont accumulé des pertes fiscales ; en transférant le revenu de non-résidents vers des résidents) ;
  - liées à des différences temporelles (par exemple, en retardant l'imposition et en avançant les déductions).
- les opérations d'arbitrage qui tirent parti des différences entre les droits internes de deux États et qui sont
  - liées à la qualification du revenu ;
  - liées à la qualification des entités ;
  - liées à des différences temporelles.
- les transactions liées à une utilisation abusive de mécanismes relatifs à l'allégement de la double imposition (en produisant un revenu qui n'est pas imposable dans l'État de la source mais doit être exonéré dans l'État de la résidence ou au moyen d'une utilisation abusive de dispositifs de crédit d'impôt étranger).

54. Les travaux conduits sur d'autres aspects du Plan d'action, en particulier l'Action 2 (Neutraliser les effets des dispositifs hybrides), l'Action 3 (Renforcer les règles relatives aux SEC), l'Action 4 (Limiter l'érosion de la base d'imposition via les déductions d'intérêts et autres frais financiers) et les Actions 8, 9 et 10 qui traitent des prix de transfert ont visés un certain nombre de ces stratégies. Le principal objectif des travaux visant à empêcher l'octroi des avantages de la convention dans le cas de ces transactions est de veiller à ce que les conventions ne fassent pas obstacle à l'application de dispositions spécifiques du droit interne qui empêcheraient celles-ci[15]. Il serait inapproprié d'accorder les avantages de ces dispositions de la convention dans le cas de ces transactions dans la mesure où ces avantages permettraient d'échapper à une imposition interne. Ces cas concernent notamment les situations dans lesquelles on a pu argumenter que :

- certaines dispositions d'une convention fiscale empêchent l'application de règles générales anti-abus de droit interne ;
- l'article 24(4) et l'article 24(5) empêchent l'application de règles internes en matière de sous-capitalisation ;
- l'article 7 et/ou l'article 10(5) empêchent l'application de règles relatives aux sociétés étrangères contrôlées ;
- l'article 13(5) empêche l'application de taxes de sortie ou de départ ;
- l'article 24(5) empêche l'application de règles internes qui limitent la consolidation du résultat fiscal aux entités résidentes ;
- l'article 13(5) empêche l'application de règles anti-abus en matière de dépouillement de dividendes visant les transactions destinées à transformer des dividendes en gains en capital exonérés d'impôt en vertu de la Convention ;

- l'article 13(5) empêche l'application de règles internes d'attribution du revenu (comme les règles prévoyant l'imposition du constituant d'une fiducie (trust)).

55. Les Commentaires sur les articles du Modèle de l'OCDE ont déjà abordé certains de ces problèmes. Par exemple, ils traitent explicitement des règles relatives aux sociétés étrangères contrôlées (le paragraphe 23 des Commentaires sur l'article 1 prévoit que les conventions n'empêchent pas l'application de ces règles). Ils mentionnent aussi les règles relatives à la sous-capitalisation (le paragraphe 3 des Commentaires sur l'article 9 suggère que les conventions n'empêchent pas l'application de ces règles « dans la mesure où leur effet est d'assimiler les bénéfices de l'emprunteur à ceux qui auraient été réalisés dans une situation de pleine concurrence »). Ils ne traitent toutefois pas d'un certain nombre de règles anti-abus spécifiques du droit interne.

56. Les paragraphes 22 et 22.1 des Commentaires sur l'article 1 fournissent un examen plus général de l'interaction entre les conventions fiscales et les règles internes anti-abus. Ces paragraphes concluent qu'aucun conflit ne résulte de l'application de certaines règles internes anti-abus à une transaction qui constitue une utilisation abusive d'une convention fiscale :

> 22. D'autres formes d'usage abusif des conventions fiscales (par exemple l'utilisation d'une société écran) ainsi que les moyens qui pourraient être utilisés à cet égard telles que les règles faisant primer le fond sur la forme, les règles de « substance économique » et les dispositions générales anti-abus ont également été analysés, notamment pour savoir si ces règles et dispositions sont contraires aux conventions fiscales [...].
>
> 22.1 Ces règles se rattachent aux dispositions fondamentales de la législation nationale qui déterminent les faits générateurs de l'impôt; ces règles ne sont pas couvertes par les conventions fiscales qui ne les affectent donc pas. En conséquence, de façon générale et compte tenu du paragraphe 9.5, il n'y aura pas de conflit. [...]

57. Le paragraphe 9.5 des Commentaires sur l'article 1 donne les indications suivantes sur ce qui constitue une utilisation abusive des dispositions d'une convention fiscale :

> Un principe directeur est que les avantages d'une convention de double imposition ne doivent pas être accordés lorsqu'un des objets principaux de certaines transactions ou opérations est d'obtenir une position fiscale plus avantageuse et lorsque l'octroi de cet avantage dans de telles circonstances serait contraire à l'objet et au but des dispositions pertinentes.

58. Comme indiqué dans la sous-section A.1, une nouvelle règle générale anti-abus qui incorporera le principe déjà reconnu au paragraphe 9.5 des Commentaires sur l'article 1 sera incluse dans le Modèle de l'OCDE. L'incorporation de ce principe dans les conventions fiscales permettra d'indiquer clairement que les États contractants s'opposent à l'application des dispositions de la convention qu'ils concluent lorsque des transactions ou des montages sont utilisés pour obtenir les avantages de ces dispositions dans des circonstances inappropriées. Cela étant, l'incorporation de ce principe dans une disposition spécifique de la Convention ne modifie pas les conclusions déjà formulées dans les Commentaires sur l'article 1 en ce qui concerne l'interaction entre les conventions et les règles internes anti-abus; ces conclusions demeurent valables, notamment dans le cas de conventions qui n'incluent pas la nouvelle règle générale anti-abus.

59. La version révisée qui suit de la section intitulée « Usage incorrect de la Convention » qui figure actuellement dans les Commentaires sur l'article 1 reflétera cette conclusion et exprimera mieux le lien entre les règles internes anti-abus et les conventions fiscales :

Usage incorrect de la Convention

7. Le principal objectif des conventions de double imposition est de promouvoir les échanges de biens et services et les mouvements des capitaux et des personnes en éliminant la double imposition internationale. Ainsi que le confirme le préambule de la Convention, empêcher l'évasion et la fraude fiscales fait également partie des objectifs des conventions fiscales.

8. L'extension du réseau de conventions fiscales accroît le risque d'abus en facilitant le recours à des dispositifs visant à bénéficier à la fois des avantages fiscaux accordés par certaines législations internes et des allégements d'impôts prévus dans ces conventions.

9. Tel serait le cas, par exemple, d'une personne (résident ou non d'un État contractant) qui agirait par l'entremise d'une entité juridique créée dans un État essentiellement pour obtenir les allégements d'impôts prévus dans les conventions conclues par cet État et auxquels cette personne n'aurait pas droit directement. Un autre cas serait celui d'une personne physique ayant dans un État contractant son foyer d'habitation permanent ainsi que tous ses intérêts économiques, notamment une participation importante dans une société de cet État, et qui, essentiellement en vue de vendre cette participation et d'échapper dans cet État à l'imposition de gains en capital provenant de cette aliénation (en vertu du paragraphe 5 de l'article 13), transférerait son foyer d'habitation permanent dans l'autre État contractant, où de tels gains sont peu imposés ou ne le sont pas du tout.

Lutter contre l'évasion fiscale au moyen des conventions fiscales

10. Le paragraphe 7 de l'article [***X***] [***la règle du critère des objets principaux***] ***et les règles spécifiques visant à lutter contre les utilisations abusives d'une convention figurant dans les conventions fiscales visent ces transactions et ces montages, ainsi que d'autres, utilisés dans le but d'obtenir indûment les avantages de la Convention.*** [*le reste du paragraphe 1 a été déplacé au paragraphe 19*]. ***Lorsque, toutefois, une convention fiscale ne contient pas de telles règles, la question se pose de savoir si les avantages de la convention fiscale doivent être accordés lorsqu'ont été conclues des transactions qui constituent un abus des dispositions de cette convention.***

11. De nombreux États répondent à cette question en tenant compte du fait que les impôts sont appliqués en vertu des dispositions de la législation nationale, sous réserve des dispositions restrictives (et, dans certains cas exceptionnels, des dispositions qui élargissent leur application) prévues par les conventions fiscales. En conséquence, toute utilisation abusive des dispositions d'une convention fiscale peut aussi être considérée comme une utilisation abusive des dispositions de la législation nationale dans le cadre duquel l'impôt est appliqué. Pour ces États, la question consiste dès lors à savoir si les dispositions des conventions fiscales peuvent empêcher l'application des dispositions anti-évasion de la législation nationale, ce qui renvoie à la question traitée aux paragraphes 19 à 26.8 ci-dessous. Comme ces paragraphes l'expliquent, en règle générale, il n'y aura pas de conflit entre ces dispositions et celles des conventions fiscales.

12. D'autres États préfèrent considérer certains abus comme des abus des conventions elles-mêmes, par opposition aux abus de la législation nationale. Toutefois, ces États considèrent dès lors qu'une interprétation correcte des

conventions fiscales les autorise à ne pas tenir compte des transactions abusives, telles que celles conclues en vue de tirer des avantages non prévus en vertu des dispositions de ces conventions. Cette interprétation découle de l'objet et du but des conventions fiscales ainsi que de l'obligation de les interpréter de bonne foi (voir l'article 31 de la Convention de Vienne sur le droit des traités).

13. Selon ces deux approches, il est donc convenu que les États n'ont pas à octroyer les avantages d'une convention sur les doubles impositions lorsque des montages qui représentent un recours abusif aux dispositions de la Convention ont été exécutées.

14. Toutefois, il est important de noter qu'on ne doit pas présumer à la légère qu'un contribuable recourt au type de transaction abusive évoqué précédemment. Un principe directeur est que les avantages d'une convention de double imposition ne doivent pas être accordés lorsqu'un des objets principaux de certaines transactions ou montages est d'obtenir une position fiscale plus avantageuse et lorsque l'octroi de cet avantage dans de telles circonstances serait contraire à l'objet et au but des dispositions pertinentes. Ce principe s'applique indépendamment des dispositions du paragraphe 7 de l'article [X] [la règle du critère des objets principaux], qui ne font que le confirmer.

15. L'application potentielle de ces principes ou du paragraphe 7 de l'article [X] n'exclut pas la nécessité d'inclure dans les conventions fiscales des dispositions spécifiques destinées à éviter des formes particulières d'évasion fiscale. Lorsque des stratagèmes particuliers d'évasion ont été détectés ou que le recours à de tels stratagèmes pose des problèmes particuliers, il est souvent utile d'ajouter à la Convention des dispositions visant directement la stratégie d'évasion en cause. Cela sera de même nécessaire lorsqu'un État qui adopte le point de vue décrit au paragraphe 11 ci-dessus estime que sa législation nationale ne contient pas les règles ou principes anti-évasion nécessaires pour répondre comme il convient à une telle stratégie.

16. Ainsi, certaines formes d'évasion fiscale ont déjà été expressément traitées dans la Convention, par exemple au moyen de l'introduction du concept de « bénéficiaire effectif » (aux articles 10, 11 et 12) et de dispositions particulières comme celles du paragraphe 2 de l'article 17 concernant les sociétés d'artistes. De tels problèmes sont aussi abordés dans les Commentaires sur l'article 10 (paragraphes 17 et 22), sur l'article 11 (paragraphe 12) et sur l'article 12 (paragraphe 7).

17. Par ailleurs, dans certains cas, les demandes formulées par des sociétés filiales, en particulier lorsqu'elles sont établies dans des paradis fiscaux ou bénéficient de régimes préférentiels dommageables, en vue de bénéficier des conventions fiscales, peuvent être refusées lorsqu'un examen attentif des faits et circonstances montre que le siège de direction effective d'une filiale ne se trouve pas dans l'État de résidence qu'elle indique mais plutôt dans l'État de résidence de la société-mère de telle sorte qu'elle constitue un résident de ce dernier État aux fins de la législation interne (ce sera le cas lorsque la législation interne d'un État utilise le siège de direction d'une personne morale, ou un critère similaire, pour déterminer sa résidence).

18. Un examen attentif des faits et circonstances d'une affaire peut également montrer qu'une filiale a été dirigée dans l'État de résidence de sa société-mère dans des conditions telles qu'elle disposait dans cet État d'un établissement stable

(par exemple, sous la forme d'un siège de direction) auquel la totalité ou une part importante de ses bénéfices pouvait être à juste titre attribuée.

Lutter contre l'évasion fiscale au moyen de règles internes et jurisprudentielles anti-abus

19. Les règles législatives et jurisprudentielles anti-abus de droit interne peuvent également être utilisées pour traiter les transactions et les montages visant à obtenir indûment les avantages des conventions. Ces règles peuvent aussi viser les situations dans lesquelles des transactions ou des montages sont utilisés dans le but d'abuser à la fois des lois internes et des conventions fiscales.

20. Pour ces raisons, les règles législatives et jurisprudentielles anti-abus de droit interne jouent un rôle important afin d'empêcher l'octroi inapproprié des avantages des conventions. Toutefois, l'application de ces règles législatives et jurisprudentielles anti-abus de droit interne pose la question de conflits possibles avec les dispositions des conventions, notamment lorsque ces dernières sont utilisées pour abuser des règles du droit interne (en alléguant que les dispositions conventionnelles protègent le contribuable de l'application de certaines règles internes anti-abus). Ce problème est examiné ci-après par rapport aux règles législatives spécifiques anti-abus, aux règles législatives générales anti-abus et aux règles jurisprudentielles.

Règles législatives spécifiques anti-abus

21. Les autorités fiscales qui cherchent une réponse à l'utilisation inappropriée d'une convention fiscale peuvent examiner tout d'abord l'application des règles anti-abus spécifiques contenues dans leur législation fiscale interne.

22. Nombre de règles anti-abus présentes dans la législation des pays s'appliquent principalement aux situations transfrontalières et peuvent jouer un rôle lors de l'application des conventions fiscales. Par exemple, les règles relatives à la sous-capitalisation peuvent limiter la déduction de paiements d'intérêts induisant une érosion de la base d'imposition au profit de résidents de pays avec lesquels une convention a été conclue ; les règles relatives aux prix de transfert (même si elles n'ont pas été conçues principalement comme des règles anti-abus) peuvent empêcher le transfert artificiel de revenus d'une entreprise résidente vers une entreprise qui est un résident d'un État contractant ; les règles sur les taxes de sortie ou de départ peuvent permettre de lutter contre l'évasion fiscale sur les gains en capital liée à un changement de résidence avant la réalisation d'un gain de capital exonéré d'impôt en vertu de la Convention ; les règles sur le dépouillement de dividendes peuvent empêcher des contribuables d'échapper aux retenues internes à la source sur les dividendes au moyen de transactions destinées à transformer les dividendes en gains en capital ; et les règles anti-montage-relais peuvent empêcher certaines transactions destinées à éviter l'imposition au moyen de montages utilisant des sociétés-relais.

23. En règle générale, lorsque l'application des dispositions du droit interne et celle des dispositions des conventions fiscales produisent des résultats contradictoires, il est prévu que les dispositions des conventions fiscales l'emportent. C'est là une conséquence logique du principe « pacta sunt servanda », qui est incorporé dans l'article 26 de la Convention de Vienne sur le droit des traités. Ainsi, si l'application des règles anti-abus spécifiques du droit interne

devait produire un résultat en termes de traitement fiscal non conforme aux dispositions d'une convention fiscale, cette application serait en contradiction avec les dispositions de la convention concernée et ces dernières devraient l'emporter en droit international public.1

> ***[Note de bas de page du paragraphe 23 :] 1. Aux termes de l'article 60 de la Convention de Vienne sur le droit des traités, « [u]ne violation substantielle d'un traité bilatéral par l'une des parties autorise l'autre partie à invoquer la violation comme motif pour mettre fin au traité ou suspendre son application en totalité ou en partie. »***

24. Toutefois, comme expliqué ci-dessous, ces conflits seront souvent évités et chaque cas doit être analysé en fonction de ses circonstances propres.

25. Premièrement, une convention peut autoriser de manière spécifique l'application de certains types de règles internes anti-abus. Par exemple, l'article 9 autorise spécifiquement l'application des règles internes dans les circonstances définies par cet article. Par ailleurs, beaucoup de conventions contiennent des dispositions spécifiques qui précisent qu'il n'y a pas de conflit ou, si un conflit existe, permettent l'application des règles internes. Ce serait le cas, par exemple, d'une règle conventionnelle autorisant explicitement l'application d'une règle relative à la sous-capitalisation contenue dans le droit interne d'un des États contractants ou des deux.

26. Deuxièmement, nombre de dispositions de la Convention dépendent de l'application du droit interne. C'est le cas, par exemple, de la détermination de la résidence d'une personne (voir le paragraphe 1 de l'article 4), de la détermination de ce qu'est un bien immobilier (voir le paragraphe 2 de l'article 6) et de la détermination des circonstances dans lesquelles un revenu provenant de parts sociales peut être traité comme un dividende (voir le paragraphe 3 de l'article 10). Plus généralement, le paragraphe 2 de l'article 3 rend les règles internes pertinentes aux fins de la détermination de la signification des termes et des expressions qui ne sont pas définis dans la Convention. Dans bien des cas, dès lors, l'application des règles anti-abus spécifiques du droit interne ne produira pas de résultats contradictoires, mais aura une incidence sur la manière dont les dispositions de la Convention sont appliquées. Ce serait le cas, par exemple, si une disposition du droit interne traitait les bénéfices réalisés par un actionnaire lorsqu'une société rachète certaines de ses actions comme des dividendes : bien qu'un tel rachat puisse être considéré comme une aliénation aux fins du paragraphe 5 de l'article 13, le paragraphe 28 des Commentaires sur l'article 10 reconnaît que ces bénéfices constitueront des dividendes aux fins de l'article 10 s'ils sont traités comme tels en droit interne.

26.1 Troisièmement, l'application des dispositions d'une convention fiscale dans un cas qui concerne une utilisation abusive de ces dispositions peut être refusée en vertu du paragraphe 7 de l'article [X] [la règle du critère des objets principaux] ou, dans le cas d'une convention qui ne contient pas ce paragraphe, en vertu des principes prévus aux paragraphes 13 et 14 ci-dessus. Dans un tel cas, il n'y aura pas de conflit avec les dispositions de la convention si les avantages de celle-ci sont refusés à la fois en vertu du paragraphe 7 de l'article [X] [la règle du critère des objets principaux] (ou des principes prévus aux paragraphes 13 et 14 ci-dessus) et en vertu de règles spécifiques anti-abus internes. Ces dernières règles sont toutefois souvent formulées en se référant à des faits objectifs, comme l'existence d'un certain niveau de détention d'actions

ou un certain ratio endettement/fonds propres. Bien que cela facilite leur application et assure une plus grande certitude, cela peut parfois entraîner l'application d'une telle règle dans un cas où celle-ci entre en conflit avec une disposition de la Convention et où le paragraphe 7 ne s'applique pas pour refuser les avantages de cette disposition (et où les principes visés aux paragraphes 13 et 14 ci-dessus ne s'appliquent pas non plus). Dans ce cas, la Convention ne permettra pas l'application de la règle interne dans la mesure où un tel conflit existe. Un exemple d'un tel cas serait celui où une règle du droit interne que l'État A a adoptée pour empêcher les changements temporaires de résidence à des fins fiscales prévoirait l'imposition d'une personne physique qui est un résident de l'État B pour les gains résultant de l'aliénation d'un bien situé dans un troisième État si cette personne physique était un résident de l'État A au moment où le bien a été acquis et était un résident de l'État A pendant au moins sept des dix années qui ont précédé l'aliénation. Dans ce cas, dans la mesure où le paragraphe 5 de l'article 13 empêcherait l'imposition de cette personne physique par l'État A au moment de l'aliénation du bien, la Convention empêcherait l'application de cette règle interne, sauf si les avantages du paragraphe 5 de l'article 13 pourraient, dans un cas précis, être refusés en vertu du paragraphe 7 ou des principes énoncés aux paragraphes 13 et 14 ci-dessus.

26.2 Quatrièmement, l'application des dispositions des conventions fiscales peut être refusée en vertu de règles ou principes jurisprudentiels applicables à l'interprétation de la Convention (voir le paragraphe 26.5 ci-après). Dans ce cas, il n'y aura pas de conflit avec les dispositions de la Convention si les avantages de celle-ci sont refusés en vertu à la fois d'une interprétation appropriée de la Convention et suite à l'application de règles spécifiques anti-abus internes. Admettons, à titre d'exemple, que le droit interne de l'État A prévoie l'imposition des gains tirés de l'aliénation d'actions d'une société de cet État dans laquelle le cédant détient plus de 25 pour cent du capital s'il a été un résident de l'État A pendant au moins 7 des 10 années qui ont précédé l'aliénation. Au cours de l'année 2, une personne physique qui était un résident de l'État A pendant les dix années précédentes devient un résident de l'État B. Peu après, cette personne vend la totalité des actions d'une petite société qu'elle avait précédemment mise sur pied dans l'État A. Les faits révèlent toutefois que tous les éléments de la vente ont été finalisés au cours de l'année 1, qu'un « prêt » sans intérêts correspondant au prix de vente a été accordé par l'acheteur au vendeur à ce moment-là, que l'acheteur a annulé le prêt lorsque les actions lui ont été vendues au cours de l'année 2 et qu'il a exercé le contrôle de fait sur la société à partir de l'année 1. Bien que le gain résultant de la vente des actions puisse, dans un contexte différent, entrer dans le champ du paragraphe 5 de l'article 13 de la convention conclue entre l'État A et l'État B, les circonstances du transfert des actions sont telles que l'aliénation au cours de l'année 2 est une transaction fictive, au sens donné à ce terme par les tribunaux de l'État A. Dans ce cas, dans la mesure où la doctrine de la transaction fictive élaborée par les tribunaux de l'État A n'entre pas en conflit avec les règles d'interprétation des traités, il sera possible d'appliquer cette doctrine lors de l'interprétation du paragraphe 5 de l'article 13 de la convention conclue entre l'État A et l'État B, ce qui permettra à l'État A d'imposer le gain en question au titre de sa règle du droit interne.

Règles législatives générales anti-abus

26.3 De nombreux pays ont inclus dans leur droit interne une règle législative anti-abus d'application générale destinée à empêcher les opérations abusives auxquelles les règles spécifiques anti-abus et règles jurisprudentielles de ces pays ne font pas obstacle.

26.4 L'application de ces règles soulève également la question d'un conflit possible avec les dispositions d'une convention fiscale. Toutefois, dans la grande majorité des cas, un tel conflit ne se produira pas. En premier lieu, ces conflits seront évités pour des raisons analogues à celles évoquées aux paragraphes 25 et 26 ci-dessus. En outre, lorsque les principaux aspects de ces règles internes respectent le principe énoncé au paragraphe 14 ci-dessus et sont donc similaires aux principaux aspects du paragraphe 7 de l'article [X], qui incorpore ce principe directeur, il est évident qu'aucun conflit ne sera possible, puisque la règle générale interne en question s'appliquera dans les mêmes circonstances que celles qui conduiraient à refuser les avantages de la Convention en vertu du paragraphe 7 ou, dans le cas d'une convention qui ne contient pas ce paragraphe, en vertu du principe directeur prévu au paragraphe 14 ci-dessus.

Règles jurisprudentielles qui font partie du droit interne

26.5 Lorsqu'ils ont été appelés à interpréter la législation fiscale dans les affaires d'évasion fiscale, les tribunaux de nombreux pays ont élaboré un certain nombre de règles ou de principes d'interprétation. Ceci inclut des doctrines jurisprudentielles comme celles de la primauté du fond sur la forme, de la substance économique, de la transaction fictive, du critère de l'objet de l'activité d'entreprise, de la transaction par étapes, de l'abus de droit et de la fraude à la loi. Ces doctrines et principes d'interprétation, qui varient d'un pays à l'autre et évoluent au fil du temps en fonction des améliorations ou modifications issues de nouvelles décisions judiciaires, sont essentiellement des avis exprimés par des tribunaux sur la manière d'interpréter la législation fiscale. Bien que l'interprétation des conventions fiscales soit régie par des règles générales qui ont été codifiées dans les articles 31 à 33 de la Convention de Vienne sur le droit des traités, ces règles générales n'empêchent pas l'application de règles et de principes similaires dans le cadre de l'interprétation des dispositions de conventions fiscales. Si, par exemple, les tribunaux d'un pays ont adopté une règle d'interprétation selon laquelle les dispositions fiscales internes doivent s'appliquer sur la base de la substance économique de certaines transactions, rien n'empêche l'adoption d'une approche similaire en ce qui concerne l'application des dispositions d'une convention fiscale à des transactions similaires. C'est ce qu'illustre l'exemple au paragraphe 26.2 ci-dessus.

26.6 En règle générale et compte tenu du paragraphe 14, l'analyse précédente conduit donc à la conclusion qu'il n'y aura pas de conflit entre les conventions fiscales et les règles jurisprudentielles anti-abus ou les règles générales anti-abus du droit interne. Par exemple, dans la mesure où l'application d'une règle générale anti-abus du droit interne ou d'une règle jurisprudentielle comme celles de la primauté du fond sur la forme ou de la substance économique se traduit par une nouvelle caractérisation du revenu ou une redéfinition du contribuable qui est censé tirer ce revenu, les dispositions de la Convention s'appliqueront en tenant compte de ces changements.

26.7 Bien que ces règles n'entrent pas en conflit avec les conventions fiscales, il est admis que les pays membres doivent observer scrupuleusement les obligations spécifiques inscrites dans les conventions fiscales visant à alléger la double imposition tant qu'il n'existe pas de preuve manifeste d'un usage abusif de ces conventions.

Dispositions relatives aux sociétés étrangères contrôlées

26.8 De nombreux pays ont adopté des dispositions relatives aux sociétés étrangères contrôlées afin de traiter les problèmes liés au recours à des sociétés implantées à l'étranger. Même si la conception de ce type de législation varie considérablement selon les pays, un trait commun de ces règles, que l'on considère désormais à l'échelle internationale comme un instrument légitime pour protéger l'assiette fiscale nationale, est qu'elles permettent à un État contractant d'imposer ses propres résidents sur des revenus attribuables à leurs participations dans certaines entités étrangères. Toutefois, on a parfois affirmé, en s'appuyant sur une certaine interprétation des dispositions de la Convention comme le paragraphe 1 de l'article 7 ou le paragraphe 5 de l'article 10, que ce trait commun des législations sur les sociétés étrangères contrôlées était contraire à ces dispositions. Étant donné que cette législation a pour effet qu'un État impose ses propres résidents, le paragraphe 3 de l'article 1 confirme qu'elle n'entre pas en conflit avec les conventions fiscales. La même conclusion doit être tirée dans le cas de conventions ne contenant pas une disposition similaire au paragraphe 1 de l'article 3 ; comme on l'explique dans les paragraphes 14 des Commentaires sur l'article 7 et 37 des Commentaires sur l'article 10, l'interprétation selon laquelle ces articles empêcheraient l'application des dispositions relatives aux sociétés étrangères contrôlées n'est pas conforme au texte du paragraphe 1 de l'article 7 et du paragraphe 5 de l'article 10. De plus, elle ne résiste pas à la lecture de ces dispositions dans leur contexte. En conséquence, même si certains pays ont jugé utile de préciser expressément dans leurs conventions que leur législation relative aux sociétés étrangères contrôlées n'était pas contraire à la Convention, une telle précision n'est pas nécessaire. Il est admis que la législation relative aux sociétés étrangères contrôlées qui suit cette approche n'est pas contraire aux dispositions de la Convention.

60. Deux problèmes particuliers liés à l'interaction entre les conventions et les règles anti-abus spécifiques du droit interne sont analysés ci-après. Le premier concerne les règles anti-abus figurant dans le droit d'un État et qui ont pour but d'empêcher certains montages auxquels participent des résidents de cet État à des fins d'évasion fiscale. Le second problème, indirectement lié au premier, concerne l'application des conventions fiscales aux taxes dites de départ ou de sortie.

a) Application des conventions fiscales pour restreindre le droit d'un État contactant d'imposer ses propres résidents

61. La majorité des dispositions qui figurent dans les conventions fiscales sont destinées à restreindre le droit d'un État contractant d'imposer les résidents de l'autre État contractant. Toutefois, dans un nombre limité de cas, l'on a fait valoir que certaines dispositions visant l'imposition des non-résidents pourraient être interprétées comme limitant le droit d'un État contractant d'imposer ses propres résidents. Ce type d'interprétation a été rejetée au paragraphe 6.1 des Commentaires sur l'article 1, qui traite du droit d'un État contractant d'imposer des associés qui sont ses propres résidents sur leur part du revenu d'une société

de personnes qui est considérée comme un résident de l'autre État contractant, ainsi qu'au paragraphe 23 de ces mêmes Commentaires, qui traite des règles relatives aux sociétés étrangères contrôlées (voir aussi le paragraphe 14 des Commentaires sur l'article 7, qui traite de la même question).

62. Il a été conclu que le principe énoncé au paragraphe 6.1 des Commentaires sur l'article 1 devrait être applicable à la grande majorité des dispositions du Modèle de Convention fiscale en vue d'empêcher les interprétations destinées à contourner l'application des règles anti-abus internes d'un État contractant (comme l'illustre l'exemple des règles relatives aux sociétés étrangères contrôlées). C'est la pratique appliquée depuis longtemps aux États-Unis dans les conventions fiscales de ce pays, où une clause dite « de sauvegarde »[16] confirme le droit des États contractants d'imposer leurs résidents (et leurs citoyens, dans le cas des États-Unis) par dérogation aux dispositions de la convention, à l'exception de celles manifestement destinées à s'appliquer aux résidents, comme les règles relatives à l'élimination de la double imposition.

63. Les modifications suivantes seront apportées au Modèle de Convention fiscale suite à cette décision :

Ajouter à l'article 1 le nouveau paragraphe 3 ci-dessous :

> ***3. La présente Convention n'affecte pas l'imposition, par un État contractant, de ses résidents, sauf en ce qui concerne les avantages accordés au titre du paragraphe 3 de l'article 7, du paragraphe 2 de l'article 9 et des articles 19, 20, 23 A [23 B], 24, 25 et 28.***

Ajouter les paragraphes 26.17 à 26.21 suivants aux Commentaires sur l'article 1 (d'autres modifications des Commentaires seront nécessaires en conséquence) :

> ***26.17 Bien que certaines dispositions de la Convention (par exemple, les articles 23 A et 23 B) concernent à l'évidence la manière dont un État contractant impose ses propres résidents, la majorité des dispositions de la Convention ont pour objet de restreindre le droit d'un État contractant d'imposer les résidents de l'autre État contractant. Dans un nombre limité de cas, il a toutefois été suggéré que certaines dispositions pourraient être interprétées comme limitant le droit d'un État contractant d'imposer ses propres résidents, alors que cela n'était pas l'effet recherché (voir notamment le paragraphe 23 ci-avant, qui traite du cas des dispositions relatives aux sociétés étrangères contrôlées).***
>
> ***26.18 Le paragraphe 3 confirme le principe général selon lequel la Convention ne restreint pas le droit d'un État contractant d'imposer ses propres résidents sauf lorsque telle en est l'intention et énumère les dispositions pour lesquelles ce principe ne s'applique pas.***
>
> ***26.19 Les exceptions ainsi énumérées sont destinées à couvrir tous les cas où il est envisagé dans la Convention qu'un État contractant peut devoir accorder les avantages de la Convention à ses propres résidents (que ces avantages ou des avantages similaires soient ou non prévus dans le droit interne de cet État). Il s'agit des dispositions suivantes :***
>
> - ***le paragraphe 3 de l'article 7, qui exige qu'un État contractant accorde à une entreprise de cet État un ajustement corrélatif après un ajustement initial apporté par l'autre État contractant, conformément***

au paragraphe 2 de l'article 7, au montant de l'impôt perçu sur les bénéfices d'un établissement stable de l'entreprise ;

- *le paragraphe 2 de l'article 9, qui exige qu'un État contractant accorde à une entreprise de cet État un ajustement corrélatif après un ajustement initial apporté par l'autre État contractant, conformément au paragraphe 1 de l'article 9, au montant de l'impôt perçu sur les bénéfices d'une entreprise associée ;*
- *l'article 19, qui peut affecter la manière dont un État contractant impose une personne physique qui est un résident de cet État si cette personne tire un revenu de services rendus à l'autre État contractant ou à une de ses subdivisions politiques ou autorités locales ;*
- *l'article 20, qui peut affecter la manière dont un État contractant impose une personne physique qui est un résident de cet État si cette personne est également un étudiant qui remplit les conditions de cet article ;*
- *les articles 23 A et 23 B, qui exigent qu'un État contractant accorde l'allégement de la double imposition à ses résidents pour le revenu que l'autre État peut imposer conformément à la Convention (y compris les bénéfices attribuables à un établissement stable situé dans l'autre État contractant conformément au paragraphe 2 de l'article 7) ;*
- *l'article 24, qui protège les résidents d'un État contractant contre certaines pratiques de discrimination fiscale appliquées par cet État (comme les règles qui établissent une discrimination entre deux personnes au motif de leur nationalité) ;*
- *l'article 25, qui permet aux résidents d'un État contractant de demander que l'autorité compétente de cet État examine les cas d'imposition non conformes à la Convention ;*
- *l'article 28, qui peut avoir des effets sur la manière dont un État contractant impose une personne physique qui est un résident de cet État lorsque cette personne est un membre de la mission diplomatique ou du poste consulaire de l'autre État contractant.*

26.20 La liste des exceptions figurant au paragraphe 3 devrait comprendre toute autre disposition que les États contractants peuvent convenir d'inclure dans leur convention bilatérale lorsque l'intention est que cette disposition ait des effets sur l'imposition par un État contractant de ses propres résidents. Par exemple, si les États contractants conviennent, conformément au paragraphe 27 des Commentaires sur l'article 18, d'inclure dans leur convention bilatérale une disposition selon laquelle les pensions et autres paiements effectués au titre de la législation relative à la sécurité sociale d'un État contractant sont imposables dans ce seul État, ils devraient inclure un renvoi à cette disposition dans la liste des exceptions figurant au paragraphe 3.

26.21 Le terme « résident », tel qu'il est utilisé au paragraphe 3 et dans l'ensemble de la Convention, est défini à l'article 4. Lorsque, en vertu du paragraphe 1 de l'article 4, une personne est considérée être un résident des deux États contractants conformément à la législation interne de ces États, les paragraphes 2 et 3 de cet article fixent une résidence unique aux fins de la

Convention. Par conséquent, le paragraphe 3 ne s'applique pas à une personne physique ou morale qui est un résident de l'un des États contractants en vertu de la législation de cet État mais qui, aux fins de la Convention, est réputée être uniquement un résident de l'autre État contractant.

64. Au cours des travaux portant sur la nouvelle disposition ci-dessus, un certain nombre de questions liées à l'allégement de la double imposition ont été abordées. Il a été admis qu'en principe, les articles 23 A et 23 B du Modèle de l'OCDE n'exigent d'un État contractant qu'il allège la double imposition que lorsque le revenu est imposable dans l'autre État en vertu de dispositions conventionnelles qui autorisent cet autre État à taxer le revenu correspondant en tant qu'État de la source ou en tant qu'État où se trouve un établissement stable auquel ce revenu est attribuable. La proposition de modifications des articles 23 A et 23 B qui suit a été formulée au cours des dernières phrases de ces travaux en vue de confirmer ce principe. Les travaux qui se rapportent à ce projet de proposition seront finalisés au premier semestre de 2016, ce qui permettra de tenir compte des modifications susceptibles d'en résulter lors de la négociation de l'instrument multilatéral qui mettra en application les résultats des travaux relatifs aux aspects conventionnels demandés par le Plan d'action BEPS :

Remplacer le paragraphe 1 de l'article 23 A par ce qui suit :

1. Lorsqu'un résident d'un État contractant reçoit des revenus ou possède de la fortune qui ***sont imposables dans l'autre État contractant***~~,~~ conformément aux dispositions de la présente Convention ***(sauf dans la mesure où ces dispositions autorisent l'imposition par cet autre État uniquement parce que les revenus sont également reçus par un résident de cet État),***~~sont imposables dans l'autre État contractant,~~ le premier État exempte de l'impôt ces revenus ou cette fortune~~,~~ sous réserve des dispositions des paragraphes 2 et 3.

Remplacer le paragraphe 1 de l'article 23 B par ce qui suit :

1. Lorsqu'un résident d'un État contractant reçoit des revenus ou possède de la fortune qui ***sont imposables dans l'autre État contractant***~~,~~ conformément aux dispositions de la présente Convention ***(sauf dans la mesure où ces dispositions autorisent l'imposition par cet autre État uniquement parce que les revenus sont également reçus par un résident de cet État)***, ~~sont imposables dans l'autre État contractant,~~ le premier État accorde :

a) sur l'impôt qu'il perçoit sur les revenus de ce résident, une déduction d'un montant égal à l'impôt sur le revenu payé dans cet autre État ;

b) sur l'impôt qu'il perçoit sur la fortune de ce résident, une déduction d'un montant égal à l'impôt sur la fortune payé dans cet autre État.

Dans l'un ou l'autre cas, cette déduction ne peut toutefois excéder la fraction de l'impôt sur le revenu ou de l'impôt sur la fortune, calculé avant déduction, correspondant selon le cas aux revenus ou à la fortune imposables dans cet autre État.

Ajouter le paragraphe 11.1 suivant aux Commentaires sur les articles 23 A et 23 B (d'autres modifications des Commentaires peuvent être nécessaires en conséquence) :

11.1 Dans certains cas, le même élément du revenu ou de la fortune peut être imposé par chaque État contractant en tant qu'élément du revenu ou de la

fortune de l'un de ses résidents. Cela peut se produire lorsque, par exemple, l'un des États contractants taxe le revenu mondial d'une entité qui est un résident de cet État, tandis que l'autre État considère que cette entité est fiscalement transparente et taxe les membres de cette entité qui sont résidents de cet autre État sur leur fraction respective du revenu. L'expression « (sauf dans la mesure où ces dispositions autorisent l'imposition par cet autre État uniquement parce que les revenus sont également reçus par un résident de cet État) » précise qu'en pareil cas, les deux États ne sont pas réciproquement tenus d'alléger l'impôt prélevé par l'autre État exclusivement sur la base de la résidence du contribuable, et que chaque État est donc tenu de supprimer la double imposition uniquement dans la mesure où l'imposition par l'autre État est conforme aux dispositions de la Convention qui autorisent l'imposition du revenu concerné en qualité d'État de la source ou d'État où se situe un établissement stable auquel ce revenu est attribuable, ce qui exclut l'imposition qui serait uniquement conforme au paragraphe 3 de l'article 1. Ce résultat est une conséquence logique de la formulation des articles 23 A et 23 B même en l'absence de cette phrase, mais l'ajout de la phrase dissipe tout doute à cet égard.

b) Taxes de départ ou de sortie

65. Dans un certain nombre d'États, l'impôt sur certains types de revenus qui sont dus à un résident (personne physique ou morale) devient exigible lorsque ce résident cesse d'être un résident de cet État. L'imposition appliquée dans ces circonstances est généralement appelée « taxe de départ » ou de « taxe de sortie » et peut, par exemple, s'appliquer à des droits à pension ou des gains en capital constitués mais non réalisés.

66. Dans la mesure où l'exigibilité de cet impôt naît alors qu'une personne est encore un résident de l'État qui applique l'impôt et ne s'étend pas au revenu dû après la cessation de la résidence, rien dans la Convention, en particulier dans ses articles 13 et 18, ne s'oppose à l'application de cette forme d'imposition. Ainsi, les conventions fiscales n'empêchent pas l'application des règles fiscales internes selon lesquelles une personne est considérée comme ayant acquis un revenu de pension ou comme ayant aliéné des biens à des fins d'imposition des gains en capital immédiatement avant d'avoir cessé d'être un résident. Les dispositions des conventions fiscales ne régissent pas le moment où le revenu est réalisé à des fins fiscales internes (voir, par exemple, les paragraphes 3 et 7 à 9 des Commentaires sur l'article 13); par ailleurs, étant donné que les dispositions des conventions fiscales s'appliquent quel que soit le moment où l'impôt est effectivement payé (voir, par exemple le paragraphe 12.1 des Commentaires sur l'article 15), le moment auquel ces impôts deviennent payables est sans importance. L'application de ces impôts crée toutefois des risques de double imposition lorsque la personne en question devient un résident d'un autre État qui cherche à imposer le même revenu à un moment différent, par exemple, lorsque le revenu d'une pension est effectivement perçu ou lorsque des actifs sont vendus à des parties tierces. Ce problème, qui résulte du fait que cette personne est un résident de deux États à des moments différents et que ces États prélèvent un impôt lors de la réalisation d'événements différents, est examiné aux paragraphes 4.1 à 4.3 des Commentaires sur les articles 23 A et 23 B. Comme indiqué au paragraphe 4.3 de ces Commentaires, qui concernent un exemple similaire dans lequel deux États de résidence imposent l'avantage résultant des plans d'option d'achat d'actions d'un salarié à des moments différents :

> Dans ce cas, on pourra utiliser la procédure amiable. L'une des solutions possibles serait que les autorités compétentes des deux États conviennent que chaque État accorde un allégement en ce qui concerne l'impôt fondé sur la résidence qui a été

perçu par l'autre État sur la fraction de l'avantage lié aux services fournis durant la période au cours de laquelle le salarié était résident de cet autre État.

67. En se fondant sur cette approche, une manière possible de résoudre les situations de double imposition résultant de l'application des taxes de départ serait que les autorités compétentes des deux États concernés conviennent, dans le cadre d'une procédure amiable, que chaque État prévoie un allégement d'impôt correspondant à l'impôt fondé sur la résidence qui a été prélevé par l'autre État sur la fraction du revenu perçue lorsque la personne était un résident de cet autre État. Cela signifierait que le nouvel État de résidence accorde un allégement d'impôt au titre de la taxe de départ prélevée par l'État de résidence précédent sur le revenu perçu lorsque la personne était un résident de cet autre État, sauf dans la mesure où le nouvel État de résidence aurait eu des droits d'imposition à la source au moment où ce revenu a été imposé (en vertu des paragraphes 2 ou 4 de l'article 13). Les États qui souhaitent prévoir expressément ce résultat dans leurs conventions fiscales sont libres d'y inclure des dispositions à cet effet.

B. Préciser que les conventions fiscales ne doivent pas être utilisées pour générer une double non-imposition

68. La deuxième partie des travaux prescrits par l'Action 6 consistait à « préciser que les conventions fiscales ne doivent pas être utilisées pour générer une double non-imposition ».

69. Les dispositions existantes des conventions fiscales ont été élaborées avec pour principal objectif d'empêcher la double imposition, comme l'indique le titre proposé à la fois dans le Projet de convention de double imposition concernant le revenu et la fortune (1963) et dans le Modèle de Convention de double imposition concernant le revenu et la fortune (1977), à savoir :

> Convention entre (l'État A) et (l'État B) en vue d'éviter les doubles impositions en matière d'impôts sur le revenu et sur la fortune

70. En 1977, toutefois, les Commentaires sur l'article 1 ont été modifiés en vue d'indiquer explicitement que les conventions fiscales ne sont pas destinées à encourager l'évasion et la fraude fiscales. La partie correspondante du paragraphe 7 des Commentaires se lit comme suit :

> Le but des conventions de double imposition est de promouvoir les échanges de biens, de services, de capitaux et de personnes en éliminant la double imposition internationale; elles ne devraient pas, en revanche, faciliter l'évasion et la fraude fiscales.

71. En 2003, ce paragraphe a été modifié en vue de préciser que la prévention de l'évasion fiscale était également l'un des buts des conventions fiscales. Le paragraphe 7 se lit à présent comme suit :

> Le principal objectif des conventions de double imposition est de promouvoir les échanges de biens et services et les mouvements des capitaux et des personnes, en éliminant la double imposition internationale. Elles ont également pour but d'empêcher l'évasion et la fraude fiscales.

72. Afin d'apporter la clarification requise par l'Action 6, il a été décidé d'énoncer clairement, dans le titre recommandé par le Modèle de Convention fiscale de l'OCDE, que la prévention de l'évasion et de la fraude fiscales était l'un des objectifs des conventions fiscales. Il a aussi été décidé que le Modèle de Convention fiscale de l'OCDE devrait recommander la rédaction d'un préambule prévoyant expressément que les États qui concluent une convention fiscale entendent éliminer la double imposition sans créer de possibilités d'évasion et de fraude fiscales. Étant donné que les pratiques de chalandage fiscal sont un sujet particulier de préoccupation, il a été décidé de mentionner expressément ces mécanismes en tant qu'exemple d'évasion fiscale qui ne doit pas être le résultat de conventions fiscales. Les modifications suivantes seront apportées au Modèle de Convention fiscale de l'OCDE suite au travail sur cet aspect de l'Action 6 :

Remplacer le titre de la Convention (y compris sa note de bas de page) par ce qui suit :

Convention entre (l'État A) et (l'État B) pour l'élimination de la double imposition en matière d'impôts sur le revenu et sur la fortune et pour la prévention de

l'évasion et de la fraude fiscales ~~Convention entre (l'État A) et (l'État B) en matière d'impôts sur le revenu et sur la fortune~~[+]

> ~~1. Les États peuvent également choisir de suivre la pratique répandue consistant à mentionner dans le titre soit la prévention des doubles impositions, soit la prévention des doubles impositions et de la fraude fiscale.~~

Remplacer le titre « Préambule de la Convention » (y compris sa note de bas de page) par ce qui suit :

~~PRÉAMBULE DE LA CONVENTION~~[+]

> ~~1. Le préambule de la Convention sera rédigé conformément aux procédures constitutionnelles des deux États contractants.~~

PRÉAMBULE DE LA CONVENTION

(L'État A) et (l'État B),

Soucieux de promouvoir leurs relations économiques et d'améliorer leur coopération en matière fiscale,

Entendant conclure une Convention pour l'élimination de la double imposition en matière d'impôts sur le revenu et sur la fortune sans créer de possibilités de non-imposition ou d'imposition réduite par l'évasion ou la fraude fiscale (y compris par des mécanismes de chalandage fiscal destinés à obtenir les allégements prévus dans la présente Convention au bénéfice indirect de résidents d'États tiers),

Sont convenus de ce qui suit :

73. La déclaration claire de l'intention des signataires d'une convention fiscale qui ressort du préambule ci-dessus sera importante pour l'interprétation et l'application des dispositions de cette convention. D'après la règle de base concernant l'interprétation des traités figurant à l'article 31(1) de la *Convention de Vienne sur le droit des traités*, « [u] n traité doit être interprété de bonne foi suivant le sens ordinaire à attribuer aux termes du traité ***dans leur contexte*** et à la lumière de ***son objet et de son but***. » [italiques et gras absents de l'original]. L'article 31(2)[17] de la Convention de Vienne confirme qu'aux fins de cette règle de base le contexte du traité comprend son préambule[18].

74. Les modifications ci-dessus du titre et du préambule seront complétées par les modifications suivantes de l'Introduction du Modèle de Convention fiscale :

Remplacer les paragraphes 2 et 3 de l'Introduction par ce qui suit :

> 2. Les pays membres de l'Organisation de Coopération et de Développement Économiques ont pris conscience depuis longtemps de la nécessité de clarifier, unifier et garantir la situation fiscale des contribuables qui exercent des activités commerciales, industrielles, financières ou autres dans d'autres pays grâce à l'application par tous les pays de solutions communes aux cas de double imposition identiques. ***Ces pays reconnaissent également depuis longtemps la nécessité d'améliorer la coopération administrative en matière fiscale, notamment par l'échange de renseignements et l'assistance en matière de recouvrement des impôts, en vue de prévenir l'évasion et la fraude fiscales.***
>
> 3. ***Tels sont*** ~~Tel est~~ le***s*** principaux objets du Modèle de l'OCDE de Convention fiscale concernant le revenu et la fortune, qui permet de régler uniformément

les problèmes qui se posent le plus couramment dans le domaine de la double imposition juridique internationale. Comme l'a recommandé le Conseil de l'OCDE[1], les pays membres, lorsqu'ils concluent ou révisent des conventions bilatérales, devraient se conformer à ce Modèle de Convention à la lumière de l'interprétation qui en est donnée dans les Commentaires et compte tenu des réserves qui y figurent, et leurs administrations fiscales devraient suivre ces Commentaires, tels que modifiés de temps à autre et sous réserve des observations qu'elles ont formulées sur ceux-ci, lorsqu'elles sont appelées à appliquer et interpréter les dispositions de leurs conventions fiscales bilatérales qui sont basées sur le Modèle de Convention.

[*Note de bas de page du paragraphe 3*] 1. Voir l'annexe.

Remplacer le paragraphe 16 de l'Introduction par ce qui suit :

16. Dans le Projet de Convention de 1963 et le Modèle de Convention de 1977, l'élimination des doubles impositions était mentionnée dans le titre du Modèle de Convention. ~~Par la suite~~ Il a été décidé***, en 1992,*** d'utiliser un titre plus court et de supprimer cette mention parce que le Modèle de Convention porte non seulement sur l'élimination de la double imposition mais aussi sur d'autres questions telles que la prévention de l'évasion et ***de la fraude fiscales*** et la non-discrimination. Cette modification a été apportée à la page de couverture de cette publication ainsi qu'au Modèle de Convention comme tel. Toutefois, il ~~est~~ ***était*** bien entendu que plusieurs pays membres ~~continuent~~ ***continuaient*** de suivre la pratique consistant à mentionner dans le titre soit l'élimination des doubles impositions, soit l'élimination des doubles impositions ainsi que la prévention de la fraude fiscale ***puisque ces deux approches mettaient l'accent sur ces objets importants de la Convention.***

16.1 En [***année***]***, suite aux travaux conduits dans le cadre du Plan d'action de l'OCDE concernant l'érosion de la base d'imposition et le transfert de bénéfices, le Comité a décidé de modifier le titre de la Convention et d'inclure un préambule. Les modifications apportées reconnaissent expressément que les objets de la Convention ne se limitent pas à l'élimination de la double imposition et que les États contractants ne souhaitent pas que les dispositions de la Convention créent des possibilités de non-imposition ou d'imposition réduite par le jeu de l'évasion et de la fraude fiscales. Compte tenu des préoccupations particulières en matière d'érosion de la base d'imposition et de transfert de bénéfices résultant de mécanismes de chalandage fiscal, il a également été décidé de mentionner ces mécanismes en tant qu'exemple d'évasion fiscale qui ne devrait pas être une conséquence des conventions fiscales, étant entendu qu'il s'agit uniquement d'un exemple parmi d'autres de ce que les États contractants entendent empêcher.***

16.2 Puisque le titre et le préambule font partie du contexte de la Convention1 ***et constituent une déclaration générale de l'objet et du but de celle-ci, ils devraient jouer un rôle important dans l'interprétation des dispositions de la Convention. Selon la règle générale d'interprétation des traités contenue dans l'article 31(1) de la Convention de Vienne sur le droit des traités, «*** [***u***]***n traité doit être interprété de bonne foi suivant le sens ordinaire à attribuer aux termes du traité dans leur contexte et à la lumière de son objet et de son but. »***

[***Note de bas de page du paragraphe 16.2 :***] ***1. Voir l'article 31(2) de la Convention de Vienne sur le droit des traités.***

C. Considérations de politique fiscale que les pays doivent, de façon générale, prendre en compte avant de décider de conclure une convention fiscale avec un autre pays

75. La troisième partie des travaux prescrits par l'Action 6 consistait à « cerner les considérations de politique fiscale que les pays doivent, de façon générale, prendre en compte avant de décider de conclure une convention fiscale avec un autre pays. »

76. Il a été convenu que le fait de disposer d'une formulation plus claire des considérations de politique fiscale que les pays doivent, de façon générale, prendre en compte avant de décider de conclure une convention fiscale pourrait permettre aux pays de justifier plus facilement leur décision de ne pas conclure de convention fiscale avec certains pays à fiscalité faible ou nulle. Toutefois, il a aussi été admis qu'il existe de nombreuses considérations non fiscales qui peuvent mener à la conclusion d'une convention fiscale et que chaque pays a le droit souverain de décider de conclure des conventions fiscales avec tout pays avec lequel il décide de le faire.

77. Au cours des travaux relatifs à cet aspect de l'Action 6, il a été décidé que leur résultat devait rendre compte du fait qu'un grand nombre de considérations de politique fiscale pertinentes pour la conclusion d'une convention fiscale sont également pertinentes pour trancher la question de la modification ou non (ou, en dernier ressort, de la dénonciation ou non) d'une convention conclue précédemment au cas où un changement dans les circonstances (comme des modifications du droit interne du partenaire de la convention) suscitent, en lien avec cette convention, des préoccupations en termes d'érosion de la base d'imposition et de transfert de bénéfices.

78. Les modifications suivantes seront apportées à l'introduction du Modèle de Convention fiscale de l'OCDE suite aux travaux relatifs à cet aspect de l'Action 6 :

Insérer les paragraphes et le nouveau titre suivants à la suite du paragraphe 15 dans l'introduction du Modèle de Convention de l'OCDE (la section C actuelle de l'introduction deviendra la section D) :

C. Considérations de politique fiscale pertinentes aux fins de la décision de conclure une convention fiscale ou de modifier une convention existante

15.1 En 1997, le Conseil de l'OCDE a adopté, à l'adresse des gouvernements des pays membres, une recommandation les incitant à poursuivre leurs effort en vue de conclure des conventions fiscales bilatérales avec ceux des pays membres, et des pays non membres lorsque cela est approprié, avec lesquels ils ne sont pas encore liés par de telles conventions. Si conclure ou non une convention fiscale avec un autre pays est une décision qu'il appartient à chaque État de prendre en fonction de différents facteurs, qui comprennent à la fois des considérations fiscales et non fiscales, les considérations de politique fiscale joueront généralement un rôle clé dans cette décision. Les paragraphes qui suivent décrivent certaines de ces considérations de politique fiscale, qui sont pertinentes non seulement pour la question de la conclusion ou non d'une convention avec un État mais aussi pour la question de savoir si un État doit ou non chercher à modifier ou à remplacer

une convention existante voire, en dernier ressort, à la dénoncer (en tenant compte du fait que la dénonciation d'une convention a souvent des répercussions négatives pour un grand nombre de contribuables qui ne sont pas concernés par les situations à l'origine de la dénonciation de la convention).

15.2 Étant donné qu'un des principaux objets des conventions fiscales est d'éviter la double imposition en vue de réduire les obstacles aux services, au commerce et à l'investissement transfrontaliers, l'existence de risques de double imposition résultant de l'interaction des systèmes fiscaux des deux États sera la première préoccupation en termes de politique fiscale. Ces risques de double imposition seront généralement plus importants lorsqu'il existe un niveau significatif, existant ou prévu, de flux transfrontaliers d'échanges commerciaux et d'investissement entre les deux États. La plupart des dispositions des conventions fiscales visent à alléger la double imposition en répartissant les droits d'imposition entre les deux États et l'on part du principe que, lorsqu'un État accepte des dispositions conventionnelles qui restreignent son droit d'imposer des éléments de revenu, il le fait généralement en considérant que ces éléments de revenu sont imposables dans l'autre État. Lorsque, dans un État, l'impôt sur le revenu est faible ou inexistant, les autres États devraient examiner s'il existe des risques de double imposition qui, en eux-mêmes, justifieraient une convention fiscale. Les États devraient aussi examiner s'il existe des éléments du système fiscal d'un autre État qui pourraient accroître le risque de non-imposition, ce qui peut inclure des avantages fiscaux qui sont cantonnés de façon à ne pas affecter l'économie de cet État.

15.3 En conséquence, deux États qui envisagent de conclure une convention fiscale devraient évaluer dans quelle mesure il existe effectivement un risque de double imposition dans des situations transfrontalières qui impliquent leurs résidents. Un grand nombre de cas de double imposition juridique dus à l'imposition combinée par l'État de source et l'État de résidence peuvent être éliminés par des dispositions internes pour l'allégement de la double imposition (habituellement, sous la forme d'un mécanisme d'exemption ou de crédit d'impôt) qui ne relèvent pas de conventions fiscales. Bien que ces dispositions internes traiteront probablement la plupart des formes de double imposition juridique du type résidence-source, elles ne couvriront pas tous les cas de double imposition, en particulier s'il existe d'importantes différences dans les règles de détermination de la source des deux États ou si le droit interne de ces États ne permet pas un allégement unilatéral de la double imposition économique (par exemple, dans le cas d'un ajustement des prix de transfert opéré dans un autre État).

15.4 Une autre considération de politique fiscale pertinente par rapport à la conclusion d'une convention fiscale est le risque d'imposition excessive qui peut résulter de retenues fiscales excessives dans l'État de la source. Bien que les mécanismes d'allégement de la double imposition assurent normalement que ces retenues fiscales élevées n'entraînent pas de double imposition, si ces impôts perçus dans l'État de la source sont supérieurs au montant normalement prélevé sur les bénéfices dans l'État de résidence, ils peuvent avoir un effet préjudiciable sur les échanges et l'investissement transfrontaliers.

15.5 D'autres considérations fiscales qui devraient être prises en compte lorsqu'il est envisagé de conclure une convention concernent notamment les diverses caractéristiques des conventions fiscales qui encouragent et favorisent

les liens économiques entre les pays, comme la protection contre le traitement fiscal discriminatoire de l'investissement étranger qu'offrent les règles sur la non-discrimination de l'article 24, la certitude accrue du traitement fiscal pour les contribuables qui ont droit aux avantages de la convention, et le fait que les conventions fiscales, par la procédure amiable et la possibilité pour les États contractants de recourir à l'arbitrage, prévoient un mécanisme pour la résolution des différends fiscaux internationaux.

15.6 Un objectif important des conventions fiscales étant la prévention de l'évasion et de la fraude fiscales, les États devraient aussi examiner si les signataires potentiels d'une convention ont la volonté et la capacité d'appliquer effectivement les dispositions des conventions fiscales relatives à l'assistance administrative, comme la capacité d'échanger des renseignements à des fins fiscales, ce qui est un aspect essentiel devant être pris en considération lors de la décision de conclure une convention fiscale. La capacité et la volonté d'un État de prêter assistance pour le recouvrement des impôts seraient également un facteur pertinent à prendre en compte. Il faut toutefois noter qu'en l'absence de tout risque effectif de double imposition, ces dispositions administratives ne suffiraient pas à elles seules à justifier en termes de politique fiscale l'existence d'une convention fiscale, cette assistance administrative pouvant être assurée par d'autres accords plus ciblés, comme la conclusion d'un accord sur l'échange de renseignements à des fins fiscales ou la participation à la Convention multilatérale concernant l'assistance administrative mutuelle en matière fiscale [1]***.***

[Note de bas de page du paragraphe 15.6 :]1. Disponible à l'adresse www.keepeek.com/Digital-Asset-Management/oecd/taxation/la-convention-multilaterale-concernant-l-assistance-administrative-mutuelle-en-matiere-fiscale_9789264115682-fr#page1

79. Comme on l'a déjà vu, de nombreuses considérations de politique fiscale qui sont pertinentes pour la conclusion d'une convention fiscale le sont également afin de déterminer si une convention conclue précédemment devrait être modifiée (ou, en dernier ressort, dénoncée) et certaines modifications apportées au droit interne d'un partenaire après la conclusion d'une convention fiscale peuvent susciter des préoccupations en termes d'érosion de la base d'imposition et de transfert de bénéfices en relation avec cette convention. En outre, lorsqu'il négocie une convention fiscale, un État peut craindre que certaines caractéristiques du droit interne de l'État avec lequel il négocie suscitent des préoccupations en termes d'érosion de la base d'imposition et de transfert de bénéfices, même si ces préoccupations peuvent être insuffisantes pour ne pas conclure une convention fiscale avec cet État.

80. Un État qui nourrit de telles craintes concernant certains éléments du droit interne d'un État avec lequel il envisage de conclure une convention fiscale ou concernant des changements qui pourraient être effectués après la conclusion d'une convention fiscale peut vouloir protéger sa base d'imposition contre de tels risques ; il peut donc juger utile d'inclure dans ses conventions des dispositions qui limitent les avantages pour des contribuables qui bénéficient de certaines règles fiscales préférentielles ou concernant certains changements radicaux qui pourraient être apportés au droit interne d'un pays après la conclusion d'une convention.

81. Les deux propositions suivantes s'efforcent d'atteindre cet objectif. Elles ont été soumises pour commentaires en mai 2015. Cependant, à peu près au même moment, les États-Unis ont diffusé de nouvelles versions de propositions similaires [19] et ont invité des commentaires sur ces propositions avant le 15 septembre 2015. Lorsque ces nouvelles

versions des propositions des États-Unis ont été examinées, il a été convenu qu'elles seraient de nouveau étudiées une fois finalisées par les États-Unis à la lumière des commentaires qui auront été reçus. Pour cette raison, les propositions ci-dessous devront être réexaminées et, si nécessaire, finalisées au premier semestre de 2016, ce qui permettra de tenir compte de toute décision prise sur ces propositions lors de la négociation de l'instrument multilatéral qui mettra en application les résultats des travaux relatifs aux aspects conventionnels demandés par le Plan d'action BEPS. Le texte suivant doit donc être considéré comme un projet susceptible d'être modifié :

[Proposition 1 – Nouvelles dispositions conventionnelles relatives aux « régimes fiscaux spéciaux »

Nouvelle définition des « régimes fiscaux spéciaux » à inclure dans l'article 3 (Définitions générales)

X) … l'expression « régime fiscal spécial » par rapport à un élément de revenu ou de bénéfice, désigne une loi, un règlement ou une pratique administrative qui prévoit un taux effectif d'imposition préférentiel en faveur de cet élément de revenu ou de bénéfice, y compris au moyen de réductions du taux ou de l'assiette d'imposition. S'agissant d'un revenu financier, l'expression régime fiscal spécial inclut les déductions d'intérêts notionnels qui sont autorisées sans tenir compte d'engagements à payer ces intérêts. Toutefois, l'expression n'inclut pas toute loi, tout règlement ou toute pratique administrative :

i) dont l'application ne procure pas un avantage disproportionné aux intérêts, aux redevances ou à d'autres revenus, ou à toute combinaison de ces revenus ;

ii) qui répond au critère de l'activité substantielle, sauf en ce qui concerne un revenu financier ;

iii) qui vise à empêcher la double imposition ;

iv) qui met en œuvre les principes de l'article 7 (Bénéfices des entreprises) ou de l'article 9 (Entreprises associées) ;

v) qui s'applique à des personnes qui ont pour activité exclusive de promouvoir des activités religieuses, scientifiques, artistiques, culturelles, éducatives ou de bienfaisance ;

vi) qui s'applique à des personnes dont la presque totalité des activités consistent à administrer ou à verser des pensions ou prestations de retraite ;

vii) qui facilite l'investissement dans des entités dont le capital est largement diffusé et qui détiennent des biens immobiliers, un portefeuille diversifié de titres, ou toute combinaison des deux, et qui sont soumises à des règles de protection des investisseurs dans l'État contractant où l'entité est établie ; ou

viii) qui, selon l'accord des États contractants, ne constitue pas un régime fiscal spécial parce qu'il ne se traduit pas par un faible taux d'imposition effectif ;

Dispositions du Protocole

En ce qui concerne l'alinéa (X) du paragraphe 1 de l'article 3 (Définitions générales) :

L'expression « régime fiscal spécial » inclut :

a) dans le cas de _______ :

i) [*énumérer les lois, règlements et/ou pratiques administratives spécifiques concernés du premier État contractant*] ;

b) dans le cas de _______ :

i) [*énumérer les lois, règlements et/ou pratiques administratives spécifiques concernés de l'autre État contractant*].

En ce qui concerne le sous-alinéa *viii*) de l'alinéa (X) du paragraphe 1 de l'article 3 (Définitions générales) :

L'expression « régime fiscal spécial » n'inclut pas :

a) dans le cas de _______ :

i) [*énumérer les lois, règlements et/ou pratiques administratives spécifiques concernés du premier État contractant*] ;

b) dans le cas de _______ :

i) [*énumérer les lois, règlements et/ou pratiques administratives spécifiques concernés de l'autre État contractant*].

Nouvelles dispositions pour les articles 11, 12 et 21

Nouvelle disposition pour l'article 11 (Intérêts)

Les intérêts provenant d'un État contractant et dont le bénéficiaire effectif est un résident de l'autre État contractant sont imposables dans le premier État selon la législation de cet État si ce résident est soumis, dans son État de résidence, à un régime fiscal spécial concernant les intérêts à tout moment au cours de la période d'imposition durant laquelle les intérêts sont payés.

Nouvelle disposition pour l'article 12 (Redevances)

Les redevances provenant d'un État contractant et dont le bénéficiaire effectif est un résident de l'autre État contractant sont imposables dans le premier État selon la législation de cet État si ce résident est soumis, dans son État de résidence, à un régime fiscal spécial concernant les redevances à tout moment au cours de la période d'imposition durant laquelle les redevances sont payées.

Nouvelle disposition pour l'article 21 (Autres revenus)

Les autres revenus provenant d'un État contractant et dont le bénéficiaire effectif est un résident de l'autre État contractant sont imposables dans le premier État selon la législation de cet État si ce résident est soumis, dans son État de résidence, à un régime fiscal spécial concernant les autres revenus à tout moment au cours de la période d'imposition durant laquelle les autres revenus sont payés.]

[Proposition 2 – Nouvelle règle conventionnelle générale permettant d'adapter une convention fiscale à certains changements futurs du droit fiscal interne d'un pays

1. Si, à tout moment après la signature de cette Convention, l'un des États contractants accorde aux sociétés résidentes une exonération d'impôt sur la quasi-totalité de leurs revenus de source étrangère (y compris les intérêts et redevances), les dispositions des articles 10 (Dividendes), 11 (Intérêts), 12 (Redevances) et 21 (Autres revenus) peuvent cesser de s'appliquer, conformément au paragraphe 3 de cet article, aux paiements à des sociétés résidentes de l'un des États contractants.

2. Si, à tout moment après la signature de cette Convention, l'un des États contractants accorde aux personnes physiques résidentes une exonération d'impôt sur la quasi-totalité de leurs revenus de source étrangère (y compris les intérêts et redevances), les dispositions des articles 10, 11, 12 et 21 peuvent cesser de s'appliquer, conformément au paragraphe 3 de cet article, aux paiements à des personnes physiques de l'un des États contractants.

3. Si les dispositions du paragraphe 1 ou du paragraphe 2 de cet article sont satisfaites, un État contractant peut informer l'autre État contractant, par voie diplomatique, qu'il cessera d'appliquer les dispositions des articles 10, 11, 12 et 21. Dans ce cas, les dispositions de ces articles cesseront de s'appliquer, dans les deux États contractants, aux paiements à des personnes physiques ou à des sociétés résidentes, selon le cas, six mois après la date de cette notification écrite, et les États contractants se consulteront en vue d'adopter des amendements de cette Convention dans le but de rétablir l'équilibre des avantages accordés.]

Notes

1. Voir www.treasury.gov/press-center/press-releases/Pages/jl10057.aspx.

2. Les cas dans lesquels un résident de l'État contractant où le revenu a sa source tente d'obtenir des avantages au titre d'une convention (par exemple, par un transfert de résidence vers l'autre État contractant ou en recourant à une entité établie dans cet autre État) peuvent également être considérés comme constituant une forme de chalandage fiscal et sont visés par les recommandations contenues dans le présent rapport.

3. Reproduits aux pages R(5)-1 et R(6)-1 de la version complète du Modèle.

4. Reproduits à la page R(17)-1 de la version complète du Modèle.

5. Voir, en particulier, la recommandation n° 9 du rapport :

   « [L]es pays devraient envisager de faire figurer dans leurs conventions fiscales des dispositions visant à limiter le droit aux avantages prévus par la Convention dans le cas des entités et des revenus bénéficiant de mesures constituant des pratiques fiscales dommageables et examiner de quelle manière les dispositions existantes de leurs conventions fiscales pourraient être appliquées à cet effet; le Modèle de Convention fiscale devrait être modifié de façon à comporter de telles dispositions ou les éclaircissements nécessaires à cet égard ».

6. Paragraphe 20 des Commentaires sur l'article 1.

7. Paragraphe 21.4 des Commentaires sur l'article 1.

8. Voir www.treasury.gov/resource-center/tax-policy/treaties/Documents/Treaty-Limitation-on-Benefits-5-20-2015.pdf.

9. La formulation de cet article dépendra de la façon dont les États contractants décident de donner corps à leur intention commune d'éliminer la double imposition sans créer de possibilités de non-imposition ou d'imposition réduite résultant de comportements de fraude ou d'évasion fiscale, en particulier par le recours à des mécanismes de chalandage fiscal. Cela pourrait se faire soit par l'adoption du paragraphe 7 uniquement, par l'adoption de la version détaillée des paragraphes 1 à 6 décrite dans les commentaires sur l'article [X] conjuguée au déploiement d'un mécanisme anti sociétés-relais tel que décrit au paragraphe [x] de ces commentaires, soit par l'adoption du paragraphe 7 associé à une variante des paragraphes 1 à 6 décrite dans les commentaires sur l'article [X].

10. Les paragraphes 1 à 6 et les commentaires qui s'y rapportent sont entre crochets jusqu'à ce qu'ils soient finalisés.

11. L'une des suppositions qui a conduit à insérer le paragraphe 4 a été que l'Action 5 (Lutter plus efficacement contre les pratiques fiscales dommageables, en prenant en compte la transparence et la substance) et l'Action 8 (Actifs incorporels) du Plan d'action BEPS répondront aux risques, en termes d'érosion de la base d'imposition et de transfert de bénéfices, liés à l'octroi d'avantages dérivés qui ne s'appliqueraient pas uniquement à des dividendes, mais aussi à des paiements pouvant donner lieu à une érosion de la base d'imposition, comme les redevances. Par conséquent, l'inclusion du paragraphe 4 devra être examinée à partir des résultats des travaux relatifs à ces Actions et en tenant compte des moyens alternatifs de répondre aux risques d'érosion de la base d'imposition et de transfert de bénéfices, tels que la mesure se rapportant aux « régimes fiscaux spéciaux » décrite à la section C de ce rapport.

12. Paragraphe 16 de ce rapport.

13. Paragraphe 23 des Commentaires sur l'article 4 du Projet de Convention de 1963.

14. Voir www.treasury.gov/resource-center/tax-policy/treaties/Documents/Treaty-Exempt-Permanent-Establishments-5-20-2015.pdf.

15. En vertu des principes du droit public international tels que codifiés dans les articles 26 et 27 de la *Convention de Vienne sur le droit des traités*, si l'application d'une règle interne anti-abus avait pour effet de permettre à un État qui est partie à une convention fiscale d'imposer un élément de revenu que cet État n'est pas autorisé à imposer en vertu des dispositions de la convention, l'application de la règle anti-abus interne entrerait en conflit avec les dispositions de la convention et ces dernières devraient s'appliquer de préférence à la règle de droit interne.

16. La clause de sauvegarde et ses exceptions sont formulées comme suit dans le Modèle des États-Unis :

    4. Sauf dans la mesure prévue au paragraphe 5, la présente Convention n'affecte pas l'imposition, par un État contractant, de ses résidents (comme définis à l'article 4 (Résident)) et de ses citoyens. Nonobstant les autres dispositions de la présente Convention, un ancien citoyen ou un ancien résident de longue durée d'un État contractant peut être imposé conformément aux lois de cet État contractant.

    5. Les dispositions du paragraphe 4 n'affectent pas :

    a) les avantages conférés par un État contractant au titre du paragraphe 2 de l'article 9 (Entreprises associées), du paragraphe 7 de l'article 13 (Gains), de l'alinéa b) du paragraphe 1, des paragraphes 2, 3 et 6 de l'article 17 (Pensions, sécurité sociale, rentes, pensions alimentaires et pensions alimentaires pour enfants), du paragraphe 3 de l'article 18 (Fonds de pension), et des articles 23 (Méthodes pour éliminer les doubles impositions), 24 (Non-discrimination), et 25 (Procédure amiable) ; et

    b) les avantages conférés par un État contractant au titre du paragraphe 1 de l'article 18 (Fonds de pension), des articles 19 (Fonctions publiques), 20 (Étudiants et stagiaires), et 27 (Membres des missions diplomatiques et des postes consulaires), à des personnes physiques qui ne sont pas des citoyens de cet État ou n'ont pas été admis à y résider de manière permanente.

17. « 2. Aux fins de l'interprétation d'un traité, le contexte comprend, outre le texte, préambule et annexes inclus :

    (a) tout accord ayant rapport au traité et qui est intervenu entre toutes les parties à l'occasion de la conclusion du traité ;

    (b) tout instrument établi par une ou plusieurs parties à l'occasion de la conclusion du traité et accepté par les autres parties en tant qu'instrument ayant rapport au traité. »

18. Les Commentaires sur le projet de 1966 de la *Convention de Vienne sur le droit des traités* notent que la Cour internationale de Justice « a, plus d'une fois, recouru à l'énoncé de l'objet et du but du traité dans le préambule pour interpréter une disposition donnée » (*Projet d'articles sur le droit des traités et commentaires, Rapport de la Commission à l'Assemblée générale*, Annuaire de la Commission du droit international, 1966, vol. II, p. 221).

19. Voir www.treasury.gov/resource-center/tax-policy/treaties/Documents/Treaty-Special-Tax-Regimes-5-20-2015.pdf et www.treasury.gov/resource-center/tax-policy/treaties/Documents/Treaty-Subsequent-Changes-in-Law-5-20-2015.pdf.

Bibliographie

OCDE (2016), *Empêcher les mesures visant à éviter artificiellement le statut d'établissement stable, Action 7 – Rapport final 2015*, Projet OCDE/G20 sur l'érosion de la base d'imposition et le transfert de bénéfices, Éditions OCDE, Paris, dx.doi.org/10.1787/9789264255227-fr.

OCDE (2015), *Neutraliser les effets des dispositifs hybrides, Action 2 – Rapport final 2015*, Projet BEPS OCDE/G20, Éditions OCDE, Paris, dx.doi.org/10.1787/9789264255104-fr.

OCDE (2014), *Empêcher l'utilisation abusive des conventions fiscales lorsque les circonstances ne s'y prêtent pas*, Projet OCDE/G20 sur l'érosion de la base d'imposition et le transfert de bénéfices, Éditions OCDE, Paris, dx.doi.org/10.1787/9789264225329-fr.

OCDE (2013), *Plan d'action concernant l'érosion de la base d'imposition et le transfert de bénéfices*, Éditions OCDE, Paris, dx.doi.org/10.1787/9789264203242-fr.

OCDE (2011), *Modèle de convention fiscale concernant le revenu et la fortune : Version complète 2010*, Éditions OCDE, Paris, dx.doi.org/10.1787/9789264175273-fr.

OCDE (2010), « Accorder le bénéfice des conventions fiscales aux revenus d'organismes de placements collectifs », dans *Modèle de convention fiscale concernant le revenu et la fortune : Version complète 2010*, Éditions OCDE, Paris, dx.doi.org/10.1787/9789264175273-fr, page R-24-1.

OCDE (2008), « Application des conventions fiscales aux sociétés de placement immobilier », dans *Modèle de convention fiscale concernant le revenu et la fortune : Version complète 2010*, Éditions OCDE, Paris, dx.doi.org/10.1787/9789264175273-fr, page R-23-1.

OCDE (1998), *Concurrence fiscale dommageable – Un problème mondial*, Éditions OCDE, Paris, dx.doi.org/10.1787/9789264262942-fr.

ORGANISATION DE COOPÉRATION ET DE DÉVELOPPEMENT ÉCONOMIQUES

L'OCDE est un forum unique en son genre où les gouvernements oeuvrent ensemble pour relever les défis économiques, sociaux et environnementaux que pose la mondialisation. L'OCDE est aussi à l'avant-garde des efforts entrepris pour comprendre les évolutions du monde actuel et les préoccupations qu'elles font naître. Elle aide les gouvernements à faire face à des situations nouvelles en examinant des thèmes tels que le gouvernement d'entreprise, l'économie de l'information et les défis posés par le vieillissement de la population. L'Organisation offre aux gouvernements un cadre leur permettant de comparer leurs expériences en matière de politiques, de chercher des réponses à des problèmes communs, d'identifier les bonnes pratiques et de travailler à la coordination des politiques nationales et internationales.

Les pays membres de l'OCDE sont : l'Allemagne, l'Australie, l'Autriche, la Belgique, le Canada, le Chili, la Corée, le Danemark, l'Espagne, l'Estonie, les États-Unis, la Finlande, la France, la Grèce, la Hongrie, l'Irlande, l'Islande, Israël, l'Italie, le Japon, la Lettonie, le Luxembourg, le Mexique, la Norvège, la Nouvelle-Zélande, les Pays-Bas, la Pologne, le Portugal, la République slovaque, la République tchèque, le Royaume-Uni, la Slovénie, la Suède, la Suisse et la Turquie. La Commission européenne participe aux travaux de l'OCDE.

Les Éditions OCDE assurent une large diffusion aux travaux de l'Organisation. Ces derniers comprennent les résultats de l'activité de collecte de statistiques, les travaux de recherche menés sur des questions économiques, sociales et environnementales, ainsi que les conventions, les principes directeurs et les modèles développés par les pays membres.

ÉDITIONS OCDE, 2, rue André-Pascal, 75775 PARIS CEDEX 16
(23 2015 33 2 P) ISBN 978-92-64-27802-8 – 2017

www.ingramcontent.com/pod-product-compliance
Lightning Source LLC
LaVergne TN
LVHW080659011026
849160LV00014B/1478